Hans-Joachim Laewen, Beate Andres, Éva Hédervári

Die ersten Tage – ein Modell zur Eingewöhnung in Krippe und Tagespflege

Frühe Kindheit | Pädagogische Ansätze

Hans-Joachim Laewen,
Beate Andres, Éva Hédervári

Die ersten Tage –

ein Modell zur Eingewöhnung in Krippe und Tagespflege

4. Auflage

Cornelsen
SCRIPTOR

Ihre Wünsche, Kritiken und Fragen richten Sie bitte an:
Cornelsen Verlag Scriptor, Redaktion Frühe Kindheit,
Willy-Brandt-Platz 6, 68161 Mannheim

Ihre Bestellungen und Anfragen richten Sie bitte an:
Marketing, 14328 Berlin, Cornelsen Service Center,
Servicetelefon 030 / 89 785 89 29

ISBN 978-3-589-25336-4

4. Auflage 2003

08 09 10 11 12 8 7 6 5 4

Redaktionsleiterin: Ulrike Bazlen, Mannheim
Herstellung: Erik Störmer, Mannheim
Satz: Barth Grafikdesign, Leipzig
Druck: Druck Partner Rübelmann, Hemsbach
Fotos/Zeichnungen: Abbildungennachweis S. 112
Umschlaggestaltung: Claudia Adam Graphik-Design, Darmstadt
Titelfotografie: zefa, Düsseldorf

Printed in Germany

Weitere Informationen finden Sie im Internet unter
www.cornelsen.de

Inhalt

Die Fragen des Anfangs – Kind zu Mutter/Vater

- Wirst du mich in dieser Fremde allein lassen?
- Wirst du meine Angst verstehen, weil alles für mich fremd ist?
- Wirst du so lange bei mir bleiben, bis ich hier vertraut bin?
- Wirst du auch meine Neugier verstehen und mich ausprobieren lassen?
- Bist du einverstanden, dass ich gerne hier bin, wenn ich mich nicht mehr so fremd fühle?
- Magst du meine Erzieherin?

Eine Vorbemerkung

Der nachfolgende Text beschreibt und begründet ein Modell für die Eingewöhnung von Kindern in Kindertagesstätten. Der Begriff »Eingewöhnung« wird dabei in gleicher Bedeutung wie der in den neuen Bundesländern gebräuchliche Begriff »Adaptation« benutzt. Das Modell ist in erster Linie für die Eingewöhnung (oder Adaptation) von Kindern unter drei Jahren entwickelt worden, kann aber bei sinngemäßer Interpretation auch als Anleitung für die Aufnahme älterer Kinder dienen.

Das Modell berücksichtigt neben eigenen Forschungsarbeiten der Autoren den internationalen Stand der Forschung zu Fragen einer Tagesbetreuung von Kindern unter drei Jahren sowie Erfahrungen, die in Norditalien mit Eingewöhnungsmodellen für Krippenkinder seit vielen Jahren gesammelt wurden. Darüber hinaus schließt das Modell Vorschläge erfahrener Erzieherinnen und Ergebnisse von Anwendungen des Modells in zahlreichen Kindertagesstätten ein.

Ein Kernstück des Modells ist die Beachtung der frühen Bindungen des Kindes an seine Eltern und der unterschiedlichen Bindungsmuster. Diese Muster hängen eng zusammen mit der Art und Weise, in der Kinder ihre Eltern als »sichere Basis« für die Erkundung einer fremden Umgebung »benutzen«. Der Eingewöhnungsprozess wird vor diesem Hintergrund als eine aktive Anpassungsleistung der Kinder interpretiert, die durch ein Zusammenwirken von Eltern und Kindertagesstätte unterstützt und abgesichert werden muss. In Abhängigkeit davon, in welchem Ausmaß ein Kind auf die Verfügbarkeit seiner Eltern als »sichere Basis« angewiesen ist, wird eine kürzere oder längere Dauer der Eingewöhnung in Anwesenheit eines Elternteils empfohlen. Dieser Entscheidung kommt eine erhebliche Bedeutung zu, da eine zu lange ebenso wie eine zu kurze Eingewöhnungszeit für die Kinder mit Risiken verbunden sein kann.

Das Modell enthält Hinweise für die Erzieherinnen auf Anhaltspunkte im Verhalten der Kinder während der ersten Tage ihres Besuchs der Kindertagesstätte, die eher für eine kürzere bzw. für eine längere Eingewöhnungszeit sprechen. Pädagogische Erfahrung und »Fingerspitzengefühl« der Erzieherinnen werden jedoch in jedem Falle hinzufügen müssen, was uns an Wissen noch fehlt.

Ziel des Modells ist es, die beruflichen Erfahrungen der Erzieherinnen durch ein Deutungsmuster für das Eingewöhnungsproblem zu ergänzen und eine begründete Handlungsanleitung verfügbar zu machen. Wir wissen, dass ab 1985 in der früheren DDR mit der Einbeziehung der Eltern in den Eingewöhnungsprozess der Kinder ein grundsätzlich richtiger Schritt zur Lösung des Eingewöhnungsproblems unternommen worden war. Für die Erzieherinnen in den Kindertagesstätten der neuen Bundesländer mag das Modell deshalb in mancher Hinsicht Bestätigung ihrer Praxis sein, wird aber auch Kenntnisse hinzufügen, die ihnen noch nicht vertraut sind.

In jedem Fall wird das Modell und seine Begründung es den Mitarbeiter(innen) der Kindertagesstätten, der Träger und ggf. der Aufsichtsbehörden erleichtern, die Eltern von der Notwendigkeit einer Beteiligung am Übergang ihrer Kinder in die Kindertagesstätte zu überzeugen und sie während ihrer Anwesenheit dort anzuleiten. Die bisherigen Erfahrungen zeigen dabei, dass die große Mehrzahl der Eltern das Angebot einer Beteiligung am Eingewöhnungsprozess ihrer Kinder begrüßt und gern davon Gebrauch macht, wenn ihnen die Notwendigkeit einer Beteiligung plausibel gemacht werden kann.

In dieser Bereitschaft der Eltern, sich am Übergang ihrer Kinder in die Kindertagesstätte zu beteiligen, sehen wir einen wichtigen Beleg für die Stichhaltigkeit unserer Erwartung, dass ein solcher Beginn einer Tagesbetreuung nicht nur die Belastungen des Übergangs für die Kinder verringert, sondern auch eine andere Art von Beziehung zwischen Kindertagesstätte und Eltern begründet. Die Einladung an die Eltern der Kinder, von Beginn an eine aktive Rolle bei der Betreuung ihres Kindes in der Kindereinrichtung zu übernehmen und der damit verbundene Hinweis darauf, dass die Kindertagesstätte ihre Arbeit ohne die Unterstützung der Eltern nicht kindgerecht leisten kann, definiert die Beziehung zwischen Kindertagesstätte und Familie von Beginn an als eine kooperative Beziehung. Werden umgekehrt die Eltern von einer Beteiligung an der Eingewöhnung ihrer Kinder ferngehalten oder wird auch nur der Anschein erweckt, ein derartiges Engagement der Eltern sei verzichtbar, entsteht allzuleicht eine Konsumhaltung gegenüber der Einrichtung, die sich dann später in Uninteressiertheit gegenüber den Anliegen der Kindertagesstätte (Stichwort: Beteiligung an Elternabenden) äußern kann. Die bisherigen Erfahrungen in Berlin unterstützen ebenso wie die aus Norditalien eine solche Sicht. Schließlich sei an dieser Stelle ausdrücklich darauf hingewiesen, dass dieses Modell nur Anleitung sein will und kann. Es darf nicht als ein mechanisch anzuwendendes »Rezept« missverstanden werden. Es kann und soll das pädagogisch verantwortliche Handeln der Erzieherinnen unterstützen, nicht ersetzen. Jede Entscheidung über Ablauf und Dauer der Eingewöhnungszeit muss als vorläufig betrachtet werden und durch das Verhalten des Kindes korrigierbar bleiben. Das Modell kann mit sinngemäßen Modifikationen in Tagespflegestellen angewendet werden.

Der folgende Text ist in zwei Teile gegliedert, wobei im ersten Teil die theoretischen und empirischen Grundlagen des Eingewöhnungsmodells dargestellt und zu einer neuen Deutung der Eingewöhnungssituation zusammengeführt werden. Der zweite Teil enthält eine ausführliche und detaillierte Anleitung zur Gestaltung der Eingewöhnungssituation. Dieser zweite Teil enthält auch ein Kapitel mit Hinweisen, die sich inzwischen aus der Anwendung des Modells in einer Vielzahl von Kindertagesstätten ergeben haben, und die für seine praktische Durchführung bedeutsam sein können. Für Leser/innen, die sich ausführlicher über die Grundlagen des Modells und damit zusammenhängende Fragen informieren wollen, haben wir Literaturhinweise aufgenommen, auf die durch kleine hochgestellte Ziffern im Text hingewiesen wird. Die Literaturangaben selbst (ein Teil dieser Literatur liegt z. Zt. leider nur in englischer Sprache vor) befinden sich am Ende der Broschüre.

Für Hinweise, die sich aus der Anwendung des Modells ergeben, sind wir jederzeit dankbar und werden uns bemühen, sie als Ergänzungen in späteren Auflagen zu berücksichtigen. Inzwischen liegen jedoch auch eine Reihe von Erfahrungsberichten im Umgang mit dem Modell vor, die als Band 2 der Fachreihe erschienen sind. [1]

---

4 *Andres, B. & Laewen, H.-J. (Hrsg.): Ich verstehe besser, was ich tue ... – Erfahrungen mit einem Eingewöhnungsmodell. Berlin 1993.*

GS
RAUM

Die Fragen des Anfangs – Kind zur Erzieherin

- Wirst du mir Zeit lassen, dich kennenzulernen?
- Wirst du mich beschützen und unterstützen?
- Wirst du mich trösten, wenn ich traurig bin?
- Wirst du meine Mutter/meinen Vater mögen?

TEIL 1 Die Grundlagen des Modells

1. Das Eingewöhnungsproblem

Der Übergang aus der Familie in die noch unbekannte Kindertagesstätte oder Tagespflegestelle bedeutet für jedes Kind eine große Herausforderung für seine Fähigkeit, sich an neue Umgebungen anzupassen und Beziehungen zu fremden Personen aufzubauen. Während der ersten Zeit in der Tagesstätte ist das Kind mit unbekannten Räumen, fremden Erwachsenen und anderen Kindern konfrontiert. Es muss sich an neue Situationen, einen veränderten Tagesablauf und an die tägliche mehrstündige Trennung von den Eltern gewöhnen. Die neue Umgebung fordert dem Kind Lern- und Anpassungsleistungen ab, die auch für ältere Kinder mit erheblichem Stress verbunden sein können.[21] Zwar sind auch sehr kleine Kinder durchaus in der Lage, sich an neue Umgebungen und Situationen anzupassen, aber: Insbesondere Kinder im Krippenalter sind überfordert, wenn sie diese Umstellung ohne Unterstützung durch ihre Eltern bewältigen müssen. Besonders gefährdet sind Kinder, die zwischen dem 7. und dem 24. Lebensmonat in Kindertagesstätten oder Tagespflegestellen aufgenommen werden.

21 *Hock, E.: The transition to day care: Effects of maternal separation anxiety on infant adjustment. In: R. C. Ainslie (Ed.): The child and the daycare setting. New York: Praeger Publishers, 1984.*

Ein an der Freien Universität Berlin durchgeführtes Forschungsprojekt hat auf der Basis »harter Daten« ein grelles Licht auf das tatsächliche Ausmaß des Risikos für Kinder geworfen, die ohne eine angemessene Beteiligung ihrer Eltern den Übergang in die Kindertagesstätte verkraften mussten: Während der ersten sieben Monate ihres Krippenbesuchs traten bei diesen Kindern drastisch erhöhte Fehlzeiten wegen Erkrankung, Entwicklungsrückstände und Irritationen in ihren Bindungen an die Mütter auf.[26]

Es muss deshalb als ein schwerwiegender Mangel in der Qualität einer frühen Tagesbetreuung angesehen werden, wenn die Beteiligung der Eltern am Eingewöhnungsprozess ihrer Kinder nicht als ein fester Bestandteil in die pädagogische Konzeption von Kindertagesstätten und Tagespflegestellen eingeht. Insbesondere die Aufnahme von Kindern unter drei Jahren ohne Beteiligung der Eltern oder einer anderen vertrauten Person grenzt nach unserer Auffassung an den Tatbestand der Kindesmisshandlung und sollte deshalb nur im äußersten Notfall praktiziert werden.

26 *Laewen, H. J.: Nichtlineare Effekte einer Beteiligung von Eltern am Eingewöhnungsprozeß von Krippenkindern: Die Qualität der Mutter-Kind-Bindung als vermittelnder Faktor. Psychologie in Erziehung und Unterricht 2 (1989). S. 102–108.*

2. Die Ursache des Eingewöhnungsproblems

Um verstehen zu können, welches die Gründe für die teilweise so heftigen und folgenreichen Reaktionen der Kinder auf den Beginn einer Betreuung in einer Kindertagesstätte sind, wenn sie sich in der zunächst fremden Umgebung nicht auf die Anwesenheit eines Elternteils stützen können, müssen wir etwas weiter ausholen. Wir müssen uns mit den frühen Bindungsbeziehungen befassen, die alle Kinder überall auf der Welt bald nach ihrer Geburt aufbauen. Diese Bindungsbeziehungen haben ganz allgemein eine große Bedeutung für die Entwicklung der Kinder und verdienen schon deshalb unsere besondere Aufmerksamkeit.

In dem uns hier interessierenden Zusammenhang spielt ein Aspekt dieser frühen Bindungsbeziehung der Kinder eine besondere Rolle. Die Erwachsenen, zu denen das Kind eine solche Beziehung aufgebaut hat, in unserem Kulturkreis also in der Regel zumindest die Eltern des Kindes, dienen dem Kind als so genannte »sichere Basis« bei der Erkundung seiner Umwelt. Vor allem in den ersten beiden Lebensjahren können die Kinder noch nicht allein ihr »inneres Gleichgewicht« aufrecht erhalten, sie benötigen dabei die Unterstützung ihrer Eltern oder einer anderen »Bindungsperson«. In fremden Umgebungen reguliert das Kind sein inneres Gleichgewicht durch Annäherung an oder Entfernung von einer solchen »Bindungsperson«. Fühlt es sich unsicher, sucht es die Nähe der

»Bindungsperson« oder signalisiert sein Bedürfnis danach. Fühlt es sich sicher, entfernt es sich von der »Bindungsperson« und untersucht die neue Umgebung.

Um die Bedeutung dieser »sicheren Basis« anschaulich zu machen, möchten wir zunächst einige Beobachtungen schildern, die im Rahmen eines Forschungsprojekts an der Freien Universität Berlin gemacht wurden. Daran anschließend werden wir genauer auf die frühen Bindungen der Kinder eingehen.

Die kurze Szene, die im folgenden Kapitel beschrieben wird, spielt in einem Untersuchungsraum der Freien Universität Berlin. In dem nicht allzu großen Raum befinden sich zwei Stühle, Spielzeug und einige Bilder an den Wänden. Mit zwei automatischen Kameras wird das Geschehen im Raum von außen aufgezeichnet. In der Szene, die wir ausgewählt haben, kommt ein Mädchen, das gerade ein Jahr alt geworden ist, in Begleitung seiner Mutter in diese fremde Umgebung. Später betritt eine fremde Person den Raum und nach einiger Zeit lässt die Mutter das Mädchen mit der Fremden in dem Raum allein.

3. Reaktionen eines Kleinkindes auf einen fremden Raum und eine fremde Person – Beobachtungen aus einem Forschungsprojekt

Anne ist zwölf Monate alt. Mit weit geöffneten Augen blickt sie vom Arm ihrer Mutter herab auf die unvertraute Umgebung. Alles ist neu für sie, hier ist sie noch nie gewesen. In der Mitte des Raumes entdeckt sie auf dem Fußboden die kleine Sammlung von Gebrauchsgegenständen und Spielzeug. Sie versucht, sie im Blickfeld zu behalten, während Frau M., ihre Mutter, sie ein Stück in den Raum hinein trägt und sie schließlich auf dem Teppichboden absetzt. Frau M. selbst setzt sich auf einen Stuhl in der Nähe und beobachtet zunächst, was Anne tut.

Anne bleibt etwa eine halbe Minute an dem Platz, an dem ihre Mutter sie abgesetzt hat, lässt aber das Spielzeug nicht aus den Augen. Sie zeigt mit dem Arm, vokalisiert und blickt immer wieder zu Frau M. Sie schwankt ganz offensichtlich zwischen dem Bedürfnis nach Sicherheit, die ihr die Nähe der Mutter gibt, und ihrem brennenden Interesse an der neuen Umgebung. Dann hat Anne den Konflikt gelöst: Mit raschen Bewegungen krabbelt sie zum Spielzeug und beginnt, die Gegenstände zu untersuchen. Schließlich wendet sie sich einem Becher zu, in dem sich zwei kleine Bauklötze befinden. Sie greift in den Becher, nimmt einen der Klötze, führt ihn mehrmals langsam in den Becher hinein und wieder heraus und beobachtet den Vorgang sehr aufmerksam. Anne lernt dabei etwas über das Raumverhältnis »Innen und Außen«. Auch während ihrer intensiven Beschäftigung mit diesem interessanten Phänomen wirft Anne immer mal wieder einen Blick zu ihrer Mutter. Gerade, als sie ein weiteres Klötzchen aufnimmt, öffnet sich die Tür. Eine Kollegin betritt den Raum und setzt sich ruhig auf einen Stuhl in der Nähe von Frau M.

Anne hat jetzt ihr Spiel unterbrochen, hält den Becher mit halb erhobenem Arm, bleibt regungslos an ihrem Ort. Sie blickt lange zu der Fremden, dann zur Mutter, wieder zurück, lässt dann den Becher fallen und macht sich auf den Weg zur Mutter. Sie streckt einen Arm aus, berührt mit der Hand das Bein der Mutter und beobachtet aus dieser Position die Fremde.

Nach einiger Zeit steht die Kollegin auf und setzt sich zu dem Kind auf den Boden. Sie achtet dabei darauf, ihm nicht zu nahe zu kommen, holt sich den Becher heran und tut einen Klotz hinein. Sie klappert mit dem Becher, um Anne darauf aufmerksam zu machen und neigt ihn dann etwas, damit Anne hineinsehen kann. Der Becher dreht sich weiter, bis der Stein herausfällt. Die Kollegin gibt den Stein wieder hinein und stellt den Becher vor Anne auf den Boden. Anne nimmt ihn, dreht ihn ebenfalls um und wieder fällt der Stein heraus. »Da!« sagt sie mit starker Betonung und blickt der Kollegin kurz ins Gesicht.

Wie zuvor verabredet, steht Frau M. jetzt auf, sagt: »Tschüs Anne, Mama kommt gleich wieder«, und verlässt den Raum. Anne bleibt allein mit der fremden Frau in einer ihr unbekannten Umgebung zurück. Anne blickt zur Tür, durch die Frau M. den Raum verlassen hat. Die Kollegin setzt den Brummkreisel in Bewegung und spricht mit ruhiger Stimme zu dem Kind: »Die Mama kommt gleich wieder, Anne, komm, wir spielen. Schau mal, was sich da bewegt.« Anne reagiert auf die Stimme, erblickt den sich drehenden Kreisel und wendet sich zögernd der Kollegin zu. Ihre

Bewegungen sind jetzt langsamer und gedämpfter als zuvor, als die Mutter noch anwesend war. Uns fällt auf, dass Anne es vermeidet, Gegenstände direkt aus der Hand der Kollegin anzunehmen. Sie greift erst danach, wenn sie vor ihr abgelegt werden.

Dann plötzlich, wie aus heiterem Himmel, beginnt Anne zu weinen. Sie krabbelt zur Tür und richtet sich daran auf. Die Kollegin redet ihr gut zu, nimmt sie auf den Arm, aber Anne weint jetzt laut, lässt sich von der fremden Frau nicht trösten. Die Fremde kann nichts ausrichten und setzt Anne wieder ab.

Durch die geschlossene Tür dringt die Stimme der Mutter. Sie ruft den Namen ihres Kindes und Anne reagiert sofort. Sie hebt den Kopf und blickt zur Tür, die sich nun öffnet. Als Anne ihre Mutter erkennt, hebt sie die Arme auf und sinkt, als sie hochgenommen wird, mit dem Kopf in die Halsbeuge der Mutter in einen entspannten, dichten Körperkontakt ein.

Das Bild, das die Kameras jetzt einfangen, ist vertraut. Ein Kleinkind in engem Körperkontakt mit seiner Mutter als Ausdruck von Intimität und Intensität der frühen Mutter-Kind-Beziehung, und darin ist ein wichtiger Teil der Wahrheit enthalten. Im engen Körperkontakt mit seiner Mutter ist das Kind geborgen und geschützt gegenüber situativen Anforderungen, denen es sich nicht gewachsen fühlt, und es wirkt oft geradezu wie Magie, wenn ein eben noch heftig weinendes Kind sich beim Anschmiegen augenblicklich beruhigt.

Das Verhalten von Anne zeigt uns gleich darauf den anderen Teil der Wahrheit, den diese Bilder leicht verdecken. Schon nach wenigen Sekunden richtet sie sich wieder auf, zeigt mit dem Arm auf das Spielzeug, will abgesetzt werden. Zwar noch in der Nähe der Mutter, die sich neben sie auf den Boden gesetzt hat, wendet sich Anne nun wieder dem Spielzeug zu. Ihr Umgang mit dem Material ist jetzt lebhaft, konzentriert und wird von Vokalisationen begleitet. Der Vorgang zeigt, dass Kleinkinder zumindest nicht in erster Linie auf Körperkontakt und Schmusen aus sind, ihre »Hauptbeschäftigung« ist das Lernen. Ist der Stress vorbei, haben sich die Kinder beruhigt (aber wirklich erst dann), orientieren sie sich wieder auf die Umwelt hin, streben fort aus dem engen Kontakt, der ihnen eben noch Sicherheit gab.

4. Die Erforschung der frühen Bindungsbeziehungen führt zu präziseren Fragestellungen

Was hat nun dieser kurze Ausschnitt aus einem Forschungsprogramm mit der Eingewöhnungssituation in Kindertagesstätten zu tun?

Nun, die geschilderte Situation im Laborraum erlaubt es uns zunächst einmal, im Kleinen und sozusagen wie unter dem Mikroskop zu beobachten, wie Kinder sich in fremden Räumen verhalten, wie sie dort auf fremde Personen reagieren und was sie tun, wenn sie in einer solchen Umgebung mit Fremden allein gelassen werden. Ebenso wie der Laborraum in unserer Versuchsanordnung sind die Räumlichkeiten der Kindertagesstätte dem Kind ja zunächst auch unbekannt, und ebenso wie die Kollegin im Labor ist auch die Erzieherin für das Kind zunächst einmal eine Fremde. Die Kinder verhalten sich deshalb in der Kindertagesstätte in vieler Hinsicht ganz ähnlich wie in unserem Forschungsprojekt. Was konnten wir nun durch unsere Beobachtungen feststellen? Wir konnten beobachten, dass die Kinder sich im Beisein ihrer Mütter zunächst sehr unterschiedlich verhielten: manche waren eher ängstlich und hielten sich dicht bei ihrer Mutter, andere blieben nur kurz in ihrer Nähe und gingen oder krabbelten (wie Anne in unserem Beispiel) sehr bald zum Spielzeug. Der Eintritt der Fremden irritierte manche Kinder sehr stark und sie suchten engen Körperkontakt zur Mutter, andere reagierten eher gemäßigt und wieder andere lächelten die Fremde an oder brachten ihr sogar Spielzeug.

Die meisten Kinder reagierten jedoch deutlich, wenn sie mit der Fremden allein gelassen wurden. Viele begannen entweder sofort zu weinen oder spielten zunächst, wenn auch nicht sehr konzentriert, weiter und fingen dann plötzlich an zu weinen, ohne dass ein äußerer Anlass erkennbar war. Andere erstarrten förmlich und ließen sich von der Fremden weder ansprechen noch anrühren. Wenn die Kinder zu weinen begonnen hatten, konnte die Fremde sie nicht trösten. Die Rückkehr der Mutter wurde von diesen Kindern mit Erleichterung zur Kenntnis genommen. Die Mutter konnte die Kinder beruhigen und das, so wie in dem Beispiel geschildert, in den meisten Fällen sehr schnell.

Ein Teil der Kinder (etwa ein Drittel) schien allerdings wenig beeindruckt vom Weggang der Mutter. Sie blickten ihr zwar nach, spielten jedoch einfach weiter und schienen sie nicht zu vermissen. Wenn die Mütter dann in den Raum zurückkehrten, wurden sie von den Kindern kaum beachtet, ja, man hatte den Eindruck, dass die Kinder es geradezu vermieden, ihnen nahe zu kommen oder direkten Blickkontakt zu ihnen aufzunehmen. Wie sind diese unterschiedlichen Verhaltensweisen zu erklären? Welche Bedeutung haben die Mütter für die Kinder in fremden Umgebungen? Was bedeutet es, wenn die Kinder nicht zu reagieren scheinen, wenn ihre Mütter den Raum verlassen und ihre vermeidende Haltung, wenn sie wiederkehren?

5. Nichts ist praktischer als eine gute Theorie

Einen Versuch, diese und andere Fragen zu beantworten, stellt die »ethologische Bindungstheorie« dar, die vor etwa dreißig Jahren von dem Psychologen John Bowlby ausgearbeitet und von Mary Ainsworth und anderen inzwischen weiterentwickelt worden ist. Bowlby hatte 1951 für die Weltgesundheitsorganisation (WHO) einen Bericht über die Folgen einer fehlenden oder unzureichenden Betreuung von Kleinkindern durch ihre Mütter oder eine mütterliche Ersatzperson zusammengestellt.[5] Betroffen von dieser Situation waren vor allem Kinder, die in den ersten Lebensjahren in Heimen betreut worden waren. Neben erheblichen Entwicklungsrückständen wurden später teilweise schwere psychische und Verhaltensprobleme bei den Kindern beobachtet, die unter solchen Bedingungen aufwachsen mussten.[37] Die Verhältnisse in diesen Heimen waren zwar in keiner Weise mit den heutigen

5 *Bowlby, J.: Mütterliche Zuwendung und geistige Gesundheit. München 1973. (Originalausgabe: Maternal care and mental health. World HealthOrganization Monograph Series Nr. 2. Geneva: World Health Organization, 1951)*

37 *Spitz, R. A.: Vom Säugling zum Kleinkind. Stuttgart, 1967.*

Tagesbetreuungseinrichtungen zu vergleichen, gaben u.a. in den USA Anlass zu intensiven Forschungsbemühungen, die dann auch Formen der familienergänzenden Tagesbetreuung einschlossen.

Aus den Ergebnissen der Heimforschung zog Bowlby ebenso wie andere Wissenschaftler den Schluss, dass eine »herzliche, innige und dauerhafte Beziehung zur Mutter (oder einem ständigen Muttterersatz)...« eine unerlässliche Voraussetzung geistiger Gesundheit des heranwachsenden Kindes sei, wobei dieser Beziehung in den ersten Lebensjahren eine besonders wichtige Rolle zukommt. [5]

Bowlby widmete der Erforschung dieser besonderen Beziehung, die sich für die frühe Kindheit als so bedeutsam erwiesen hatte, einen großen Teil seiner Arbeit, die schließlich in die schon erwähnte »Bindungstheorie« mündete. [6/7/8] Im Zuge der weiteren Erforschung dieser frühen »Bindungsbeziehungen« wurde bald klar, dass die Kinder keineswegs nur zur Mutter (oder einer »mütterlichen Ersatzperson«) eine solche besondere Beziehung entwickelten, sondern parallel auch zu den Vätern und anderen Erwachsenen, die zuverlässig und dauerhaft Kontakt mit den Kindern hatten. [33]

Was ist das nun, eine »Bindungsbeziehung«?

---

5 *Bowlby, J.: Mütterliche Zuwendung und geistige Gesundheit. München 1973. (Originalausgabe: Maternal care and mental health. World Health Organization Monograph Series Nr. 2. Geneva: World Health Organization, 1951)*

6 *Bowlby, J.: Bindung: eine Analyse der Mutter-Kind-Beziehung. München 1975. (Originalausgabe: Attachment and loss: I. Attachment. London: Hogarth Press, 1969)*

7 *Bowlby, J.: Trennung: psychische Schäden als Folgen der Trennung von Mutter und Kind. München 1976. (Originalausgabe: Attachment and loss: II. Separation: Anxiety and anger. London: Hogarth Press, 1973).*

8 *Bowlby, J.: Verlust, Trauer und Depression. Frankfurt a. M. 1983. (Originalausgabe: Attachment and loss: III. Loss, sadness and depression. London: Hogarth Press, 1980)*

33 *Schaffer, R.: Mütterliche Fürsorge in den ersten Lebensjahren. Stuttgart 1982.*

6. Bindung und Bindungsmuster

Die ethologische Bindungstheorie versteht Bindung als ein »gefühlsmäßiges Band«, das zwischen dem Kind und seinen engsten Bezugspersonen im Laufe der ersten Lebensmonate entsteht. Bowlby geht davon aus, dass die Fähigkeit zum Aufbau von Bindungsbeziehungen in unseren Erbanlagen verankert und in den Überlebensvorteilen begründet ist, die ein auf das Herstellen bzw. Aufrechterhalten von Nähe zur Mutter zielendes »Bindungsverhalten« des Kleinkindes in der Entwicklung der menschlichen Art geboten haben muss.

Der Prozess des Bindungsaufbaus findet im Alter von etwa sieben Monaten in einer Verhaltensorientierung des Kindes auf eine oder einige wenige Personen, die das Kind dauerhaft betreuen, einen sichtbaren Ausdruck. Bis zum Alter von zwölf Monaten gewinnen die Bindungsbeziehungen der Kinder deutliche Strukturen und haben sich bis etwa zum achtzehnten Lebensmonat weiter gefestigt.

Obwohl die Kinder, wie schon erwähnt, auch zu anderen Personen als der Mutter solche Bindungen aufbauen, ist die Bindung zwischen Mutter und Kind bisher am besten untersucht. Allerdings werden in jüngster Zeit auch immer häufiger die Bindungsbeziehungen zu Vätern oder Erzieherinnen erforscht.

Ainsworth und ihre Mitarbeiter konnten zeigen, dass die Bindung zwischen einem einjährigen Kind und seiner Mutter von unterschiedlicher Art sein kann und deutlich mit der Art und Weise zusammenhängt, in der Mutter und Kind in den ersten Lebensmonaten miteinander umgegangen sind.[1/2]

Eine so genannte »sichere« Bindung bilden vornehmlich Kinder aus, deren Mütter ihre Signale von Beginn an sensibel beachten und darauf angemessen reagieren. Diese sicher gebundenen Kinder »benutzen« ihre Mütter vor allem in fremden Umgebungen oder bei Auftreten unerwarteter Ereignisse als eine »sichere Basis«, von der ausgehend sie ihre Umwelt erkunden und in deren Nähe sie sich im Bedarfsfall zurückziehen. In Stresssituationen zeigen diese Kinder in der Regel offenes »Bindungsverhalten«, d.h. sie versuchen, entweder durch Weinen oder Rufen beziehungsweise durch aktive Annäherung an die Mutter körperliche Nähe bis hin zum Anschmiegen und Anklammern herzustellen. Im Körperkontakt zur Mutter beruhigen sich die Kinder rasch und sind dann wieder offen für ihre Umwelt.

»Unsicher« gebundene Kinder vermeiden häufig in Stresssituationen eine allzu große Nähe zu ihrer Mutter. Sie versuchen in der Regel, mit den Problemen ohne Hilfe der Mutter fertig zu werden und vermeiden es geradezu, sich in kritischen Situationen offen an ihre Mütter zu wenden.

Schließlich identifizierten Ainsworth und ihre Gruppe ein bei uns eher selten auftretendes Muster einer »unsicheren« Bindung, das sich im Verhalten der Kinder nach kurzen Trennungen von ihren Müttern durch ein Schwanken zwischen Nähesuchen zur Mutter und ärgerlicher Abwehr niederschlägt. Um eine Beurteilung der Bindungsqualität zu ermöglichen, haben Ainsworth und ihre Mitarbeiter ein Verfahren

1 *Ainsworth, M. D. S.: Feinfühligkeit versus Unempfindlichkeit gegenüber den Signalen des Babys. In: K. E. Grossmann (Hrsg.): Entwicklung der Lernfähigkeit in der sozialen Umwelt. München 1977.*

2 *Ainsworth, M. D. S., Blehar, M. C., Waters, E. & Wall, S.: Patterns of attachment: A psychological study of the strange situation. Hillsdale, N J, Erlbaum, 1978.*

entwickelt, das unter dem Namen »Strange Situation« (»Fremde Situation«) seit vielen Jahren weltweit in der entwicklungspsychologischen Grundlagenforschung sowie in der Forschung zum Einfluss von Tagesbetreuung auf die frühe Mutter-Kind-Bindung eingesetzt wird. Die Beobachtungen, die wir im 3. Kapitel beschrieben haben, stammen aus einer solchen »Strange Situation«. Auch die unterschiedlichen Beziehungsmuster, die Kinder zu ihren Erzieherinnen aufbauen, können mit diesem Verfahren untersucht werden. Es stellte sich dabei heraus, dass der Anteil der Kinder mit »unsicheren Bindungen« an ihre Erzieherinnen ebenso hoch ist, wie der Anteil von »unsicher« an ihre Mütter gebundenen Kinder. In einem der späteren Kapitel werden wir auf die Bindungsmuster noch einmal zurückkommen.

7. Eine Erklärung für das Verhalten der Kinder in der Eingewöhnungssituation

Die ethologische Bindungstheorie geht also davon aus, dass alle Kinder Bindungen an die Erwachsenen ihrer engsten Umgebung aufbauen, wenn sie dazu Gelegenheit haben. Der Prozess des Bindungsaufbaus tritt in eine kritische Phase, wenn das Kind etwa sieben Monate alt ist. Von nun an wendet es sich in Situationen, in denen es sich überfordert oder geängstigt fühlt, vorzugsweise an eine dieser so genannten »Bindungspersonen«, sucht aktiv ihre Nähe oder signalisiert ihnen sein Bedürfnis danach.

Diese »Bindungspersonen«, zu denen in der Regel zumindest Mutter und Vater gehören, sind mehr als bloße Bekannte und können durch solche nicht ersetzt werden. Das Kind »benutzt« sie von nun an als »sichere Basis« bei seiner Erkundung der Umwelt. Im Alter von etwa zwölf Monaten sind auch die Bindungsmuster deutlich ausgeprägt, die mit darüber entscheiden, in welchem Ausmaß das Kind seine Eltern »benutzt« bzw. eher versucht, allein zurechtzukommen. Die Bedeutung der Bindungspersonen als »sichere Basis« verändert sich etwa vom 20. Lebensmonat an im Laufe der weiteren Entwicklung des Kindes, ohne jedoch zu verschwinden. Auch Kindergartenkinder zeigen deutliche Stressreaktionen, wenn sie ohne Bindungsperson den Übergang schaffen müssen.[19] Das gilt auch für den Wechsel von Kindern aus der Krippe in den Kindergarten, der deshalb ebenfalls einer sorgfältigen Vorbereitung bedarf.

Der Aufenthalt in einer unbekannten Umgebung ohne die Anwesenheit von Bindungspersonen muss vor allem für Kinder zwischen dem 7. und 20. Lebensmonat als ein stressauslösender Faktor von besonderem Gewicht angesehen werden. Ein Kind würde normalerweise in einer unvertrauten Situation eine anwesende Bindungsperson als eine »sichere Basis« benutzen, von der ausgehend es die fremde Umgebung erkunden und Kontakt zu unvertrauten Erwachsenen aufnehmen würde. Im Falle der Irritation oder der Unsicherheit würde es die Nähe der Bindungsperson bis hin zum engen Körperkontakt suchen. Diese von Bowlby als »Bindungsverhalten« bezeichneten Reaktionen laufen jedoch ins Leere, wenn keine Bindungs-

---

19 *Haefele, B. & Wolf-Filsinger, M.: Der Kindergarten-Eintritt und seine Folgen – eine Pilotstudie. Psychologie in Erziehung und Unterricht 33 (1986). S. 99–107.*

person anwesend ist und können dann über lange Zeit andauern.

Wird das Kind während seiner ersten Tage in der neuen Umgebung »Kindertagesstätte« oder »Tagespflegestelle« nicht von einem Elternteil oder einer anderen Bindungsperson begleitet, so ist es in der Regel nur eine Frage der Zeit, bis durch irgendein Ereignis Bindungsverhalten beim Kind ausgelöst wird, falls dies nicht schon beim Weggang von Vater oder Mutter geschieht. Die Folge können Perioden lang andauernden Weinens oder der Verstörung sein, die sich über Tage hinziehen und von der dem Kind noch fremden Erzieherin kaum beeinflusst werden können. Selbst wenn es dem Kind gelingt, sein Gleichgewicht von Zeit zu Zeit wieder zu finden, wird die nächste Irritation wieder Bindungsverhalten auslösen und wieder wird niemand da sein, der es auffangen kann.

Nun sind aber auch Kinder im kritischen Alter ganz offensichtlich auch unter diesen ungünstigen Umständen in der Lage, sich an die neue Umgebung anzupassen. Ein amerikanischer Forschungsbericht und eine eigene Falldokumentation weisen darauf hin, dass Kinder notfalls innerhalb von drei oder vier Tagen eine Beziehung zur Erzieherin aufbauen können, die einer Bindungsbeziehung zumindest sehr ähnlich ist.[15] Von diesem Zeitpunkt an scheint die Erzieherin notfalls die Funktion einer »sicheren Basis« übernehmen zu können.

Das von uns auf Video dokumentierte Fallbeispiel belegt, dass ein achtmonatiges Kind nach Krippeneintritt im Anschluss an eine viertägige Periode anhaltenden Weinens am fünften Tag in unmittelbarer Nähe

15 *Fleener, D. E.: Exerimental production of infant-maternal attachment behavior. Paper presented at the annual meeting of the American Psychological Association. Montreal 1973. Zitiert nach M. D. S. Ainsworth, M. C. Blehar, E. Waters, & S. N. Wall: atterns of attachment: A psychological study of the strange situation. Hillsdale, N J: Erlbaum, 1978. S. 273.*

oder in Körperkontakt mit »seiner« Erzieherin wieder einen ausgeglichenen Eindruck machte und alterstypisches Erkundungsverhalten zeigte. Seit diesem Tag waren gegenüber »seiner« Erzieherin alle Anzeichen von Bindungsverhalten zu beobachten: Es orientierte seine Körperhaltung auf sie hin, suchte aktiv ihre Nähe, beruhigte sich auf ihrem Arm und weinte, wenn sie ihn absetzte. Im Laufe der ersten vier Wochen seines Krippenbesuchs lernte das Kind nach einer Phase des »Klammerns«, innerhalb des Raumes jede Entfernung zu seiner Erzieherin tolerieren, weinte jedoch noch mehrere Monate lang, wenn sie den Raum verließ.

Wir schließen daraus, dass der Anpassungsprozess der Kinder an die Situation in der Kindertagesstätte vom Aufbau einer Beziehung zur Erzieherin begleitet ist, die einer Bindungsbeziehung zumindest sehr ähnlich ist. Die Erzieherin gewinnt dadurch die Möglichkeit, für das Kind in Abwesenheit seiner Eltern die Funktion der »sicheren Basis« zu übernehmen.

Wir müssen jedoch in Betracht ziehen, dass die Anpassung an die neue Umgebung und der Aufbau der Beziehung zur Erzieherin, also die Eingewöhnung des Kindes, ohne die Unterstützung der Eltern für das Kind mit sehr hohen Stressbelastungen verbunden ist. Die Vermutung liegt nahe, dass eine solche Überforderung im Zusammenhang mit den erhöhten Erkrankungszeiten und über mehrere Monate andauernden Entwicklungsverzögerungen stehen könnte, die bei Kindern im »bindungskritischen« Alter zwischen acht und achtzehn Monaten nach Eintritt in eine Krippe beobachtet worden sind.[16/29]

16 *Grosch, Ch. & Schmidt-Kolmer, E.: Untersuchungen in der DDR. In: E. Schmidt-Kolmer (Hrsg.): Die soziale Adaptation der Kinder bei der Aufnahme in Einrichtungen der Vorschulerziehung. Berlin 1979.*

29 *Matejcek, Z. & Langmeier, J.: Die zeitweilige Gemeinschaftserziehung im Hinblick auf die psychische Deprivation. In: Pädagogica Europäa. (Europäisches Jahrbuch für pädagogische Forschung. Bd. IV). Braunschweig 1968.*

In der Medizin sind derartige Zusammenhänge offenbar bekannt. In einer medizinischen Fachzeitschrift aus dem Jahr 1986 kann man Folgendes nachlesen: »Das Immunsystem ist … ein empfindlicher Indikator für die Lebensbedingungen eines Kindes. Ernährung, Umwelteinflüsse, Überforderung mit Stress … spielen hier eine Rolle.« Der Autor geht dabei davon aus, dass sich die Schwächung des kindlichen Immunsystems »nicht zuletzt in Art und Weise des Durchmachens und Überstehens von Infektionskrankheiten« äußert.[38]

Ein solcher stressvoller Beginn von Tagesbetreuung ist dabei nicht nur ein Unglück für das Kind, sondern belastet auch die Erzieherin, die sich unabhängig von ihrer Qualifikation und ihrem guten Willen dem weinenden Kind gegenüber hilflos fühlen muss, eine Erfahrung, die keine guten Voraussetzungen für die sich entwickelnde Beziehung zwischen Kind und Erzieherin schafft.

Fast alle Erzieherinnen, mit denen wir darüber gesprochen haben, hatten sich in solchen Situationen schon gefragt, ob die Schuld an der Untröstlichkeit der Kinder vielleicht bei ihnen läge. Sie zweifelten, ob sie wirklich gute Erzieherinnen sein könnten, wenn sie doch die Kinder nicht beruhigen konnten. Es sollte an dieser Stelle klar sein, dass hier nicht persönliche Unzulänglichkeiten eine Rolle spielen. Es sind grundlegende Verhaltensmuster der Kinder, die es in den meisten Fällen unmöglich machen, dass eine Erzieherin als zunächst ja fremde Person ein weinendes Kind in dieser Situation trösten kann. Die beste Lösung ist hier die Beteiligung der Eltern am Eingewöhnungsprozess ihrer Kinder, alle anderen Maßnahmen können nur zweit- und drittbeste Lösungen bereitstellen.

---

38 *Stickl, H.: Immunität und Gesundheit. Sozialpädiatrie in Praxis und Klinik 8 (1986). S. 516–517.*

8. Die Folgen einer Eingewöhnung ohne eine angemessene Beteiligung der Eltern

Die Resultate des bereits erwähnten, in den Jahren 1984/85 an der Freien Universität Berlin durchgeführten Forschungsprojekts begründen den Verdacht, dass eine unangemessene Gestaltung der Eingewöhnungssituation über die sichtbaren Belastungen hinaus sehr nachteilige Folgen für die Kinder haben kann.[26] Dabei zeigte es sich, dass nicht nur eine fehlende oder zu kurze Begleitung durch einen Elternteil, sondern bei einer Gruppe von Kindern auch eine zu lange Begleitung durch die Eltern im Zusammenhang mit ungünstigen Entwicklungen bei den Kindern im ersten Halbjahr ihres Krippenbesuchs stand.

In dem Forschungsprojekt waren es hauptsächlich die Kinder, bei denen wir vor Beginn ihres Krippenbesuchs eine »sichere« Bindung an ihre Mütter gefunden hatten, die unter fehlenden oder zu kurzen, d.h. nicht mehr als sechs Tage andauernden Eingewöhnungszeiten in Begleitung eines Elternteils litten. Die Kinder mit »unsicheren« Bindungsmustern zeigten umgekehrt eher Probleme, wenn die Begleitung durch einen Elternteil länger als sechs Tage andauerte.

Im Detail ergaben sich die folgenden Zusammenhänge zwischen der Dauer der von Eltern begleiteten

26 *Laewen, H.-J.: Nichtlineare Effekte einer Beteiligung von Eltern am Eingewöhnungsprozeß von Krippenkindern: Die Qualität der Mutter-Kind-Bindung als vermittelnder Faktor. Psychologie in Erziehung und Unterricht 2 (1989). S. 102–108.*

Eingewöhnungszeit und der Entwicklung der Kinder im ersten Halbjahr ihres Krippenbesuchs: Kinder mit einer entsprechend ihrem Bindungsmuster ungünstigen Dauer der Eingewöhnungszeit in Begleitung eines Elternteils unterschieden sich im Gruppendurchschnitt von den Kindern mit günstigen Bedingungen wie folgt:

- Sie fehlten in der Krippe während der ersten sieben Monate im Durchschnitt eine mehr als dreimal längere Zeit wegen Erkrankung.
- Sie wiesen nach sieben Monaten Krippenbesuch deutliche Entwicklungsrückstände auf.
- Sie zeigten nach sechs Monaten Krippenbesuch stärkere Verunsicherungen in ihrer Bindung zu ihren Müttern.
- Sie zeigten eine Woche nach Abschluss der begleiteten Eingewöhnungszeit weniger positives Anpassungsverhalten und mehr ängstliches Verhalten.

Als sehr wichtig erwiesen sich die ersten drei Tage des Krippenbesuchs: Die Kinder, die in den ersten drei Tagen von ihren Eltern begleitet worden waren, ohne dass bereits Trennungsversuche unternommen wurden, fehlten unabhängig vom Muster der Bindung zu ihren Müttern eine viermal geringere Zeit wegen Erkrankung als die Kinder, bei denen es schon in den ersten drei Tagen zu Trennungen gekommen war.

9. Schlussfolgerungen

Das bisher Gesagte lässt sich wie folgt zusammenfassen:

1. Alle Kinder bauen in ihren ersten Lebensmonaten besondere Beziehungen zu den Personen ihrer engsten Umgebung auf, in der Regel also zumindest zu ihren Eltern. Diese Beziehungen heißen »Bindungen« oder »Bindungsbeziehungen«.

2. Spätestens vom siebten Monat an beginnt das Kind, den Kontakt zu diesen besonderen »Bindungspersonen« zu suchen und sie gegenüber anderen Personen zu bevorzugen.

3. Besonders in Stresssituationen (u. a. fremde Umgebungen, fremde Personen, aber auch Erkrankung, Schmerz, etc.) benötigen die Kinder die Anwesenheit und die Aufmerksamkeit solcher Bindungspersonen, um ihr »inneres Gleichgewicht« halten oder wieder herstellen zu können.

4. Bei Irritationen oder Angst suchen die meisten Kinder die Nähe von Bindungspersonen bis hin zum engen Körperkontakt: Sie zeigen »Bindungsverhalten« und beruhigen sich, wenn sie die gewünschte Nähe erreicht haben und für eine gewisse Zeit aufrechterhalten können. Auch Kinder, die kein offenes Bindungsverhalten zeigen, sind deutlich entlastet, wenn in fremden Situationen eine Bindungsperson anwesend ist.

5. Ist in einer solchen Situation keine Bindungsperson anwesend, kann das durch Irritation oder Angst ausgelöste Bindungsverhalten lange Zeit andauern, da fremde Personen es in den meisten Fällen nicht auffangen können. Anders ausgedrückt: eine fremde Person kann das Kind in der Regel nicht trösten.

6. Die lang andauernden Weinperioden von Kindern in der Eingewöhnungszeit in Krippen sind vermutlich auf Bindungsverhalten zurückzuführen, das durch die unbekannte Umgebung ausgelöst wurde und von der noch fremden Erzieherin nicht aufgefangen und beendet werden kann.

7. Ein solcher Beginn von Tagesbetreuung belastet das Kind und kann zu erheblichen Beeinträchtigungen seiner Gesundheit, seiner Entwicklung und seiner Bindungsbeziehungen zur Mutter führen.

8. Diese Folgen können wahrscheinlich vermieden werden, wenn die Kinder zu Beginn ihres Besuchs der Kindertagesstätte für einige Tage von einem Elternteil begleitet werden.

9. Die frühen Bindungsbeziehungen sind ein mächtiger Faktor im Rahmen des kindlichen Anpassungsverhaltens. Die anwesenden Eltern (oder andere Bindungspersonen) werden vom Kind als »sichere Basis« für seine Anpassungsleistungen »benutzt«, auch zum Aufbau neuer, zumindest bindungsähnlicher Beziehungen zu zunächst fremden Personen wie der Erzieherin.

10. Die Anwesenheit der Eltern in der Kindertagesstätte wird entbehrlich, wenn das Kind zu seiner Erzieherin eine solche Beziehung aufgebaut hat und die Erzieherin an Stelle der Eltern die Funktion einer »sicheren Basis« für das Kind übernehmen kann.

11. Die Kinder benötigen für den Aufbau einer derartigen Beziehung in der Regel zwischen sechs und vierzehn Tagen, im Einzelfall auch mal drei Wochen.

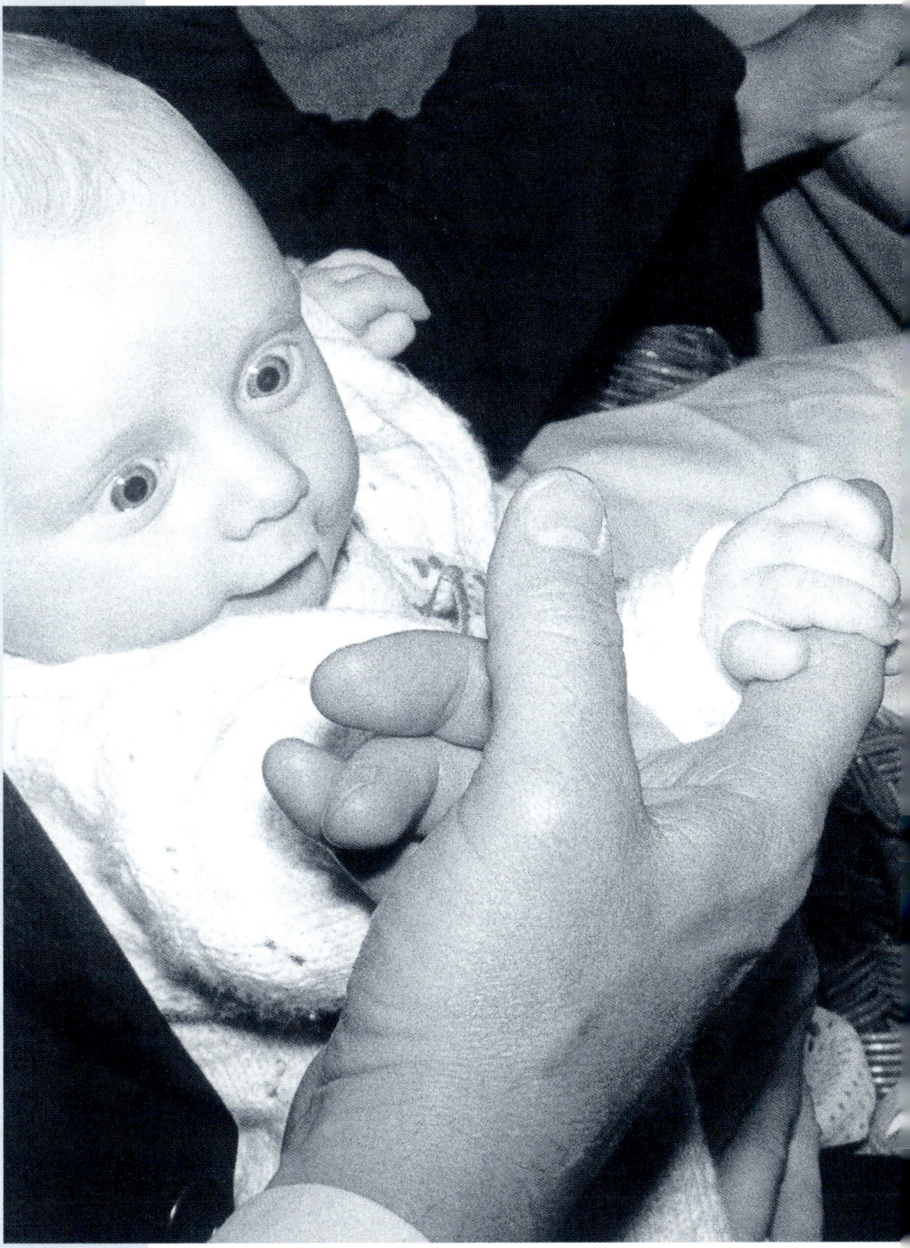

Die Fragen des Anfangs – Mutter/Vater zum Kind

- Wirst du ohne mich zurechtkommen?
- Wirst du mich vermissen?
- Wirst du die Erzieherin vielleicht lieber mögen?
- Wird es dir hier gut gehen?

TEIL 2 Die praktische Umsetzung des Modells

1. Was tun? Und wie?

1.1 Die Notwendigkeit der Kooperation aller Beteiligten

Der Vorschlag, die Eltern an der Eingewöhnung ihrer Kinder in Kindertagesstätten oder Tagespflegestellen zu beteiligen, stößt gewöhnlich auf eine Reihe von Einwänden hinsichtlich seiner Durchführbarkeit oder Wünschbarkeit. So wird von Erzieherinnen nicht selten die Bereitschaft oder die Möglichkeit der Eltern bezweifelt, die dafür notwendige Zeit zu investieren oder die Vorstellung der gleichzeitigen Anwesenheit von im Extremfall acht oder gar zehn Eltern mit ihren Kindern in der Enge der Gruppenräume wird mit Recht in den Bereich angewandten Horrors verwiesen. In Fortbildungsveranstaltungen zu diesem Thema wird außerdem von Erzieherinnen häufig ein Unbehagen darüber artikuliert, ihre gerade in der Eingewöhnungszeit schwierige Arbeit vor den kritischen Augen von Eltern leisten zu sollen, nicht selten verbunden mit dem Hinweis auf erlebtes unangemessenes Verhalten von Eltern im Gruppenraum.

Unser Argument, dass die gleichzeitige Aufnahme von acht oder zehn Kinder in einer Gruppe zu keinem vernünftigen Ergebnis führen könne, die Aufnahme der Kinder vielmehr auf höchstens eines pro Woche beschränkt werden müsse, bringt häufig sogleich eine neue Problemlage ans Tageslicht: Einerseits müssen in der Regel die Gruppen bis zu einem Stichtag voll belegt sein, will man nicht den Abbau von Personal riskieren, andererseits haben die Eltern nach Vertragsabschluss das Recht, ihre Kinder zum frühestmöglichen Zeitpunkt in die Kindertagesstätte zu bringen, müssen dies auch oft genug tun, um nicht ihren Arbeitsplatz zu gefährden.

Alle diese Vorbehalte sind wohlbegründet und machen sofort deutlich, dass eine Umsetzung der Kenntnisse über die Eingewöhnungsprozesse von Kleinkindern in die Praxis nicht allein durch Fortbildungsveranstaltungen für Erzieherinnen erreicht werden kann. Die Bereitschaft der Erzieherinnen allein würde nicht ausreichen, vielmehr ist die Kooperation aller Beteiligten gefordert.

Zunächst müssen die Eltern ganz offenkundig bereit und in der Lage sein, sich die Zeit zur Begleitung ihrer Kinder zu nehmen. Um ihnen eine entsprechende Planung zu ermöglichen, müssen sie deshalb frühzeitig (und möglicherweise wiederholt) davon in Kenntnis gesetzt werden, dass und aus welchen Gründen ihre Beteiligung an der Eingewöhnung ihrer Kinder erwartet wird. Diese Aufgabe können sinnvoll nur diejenigen übernehmen, an die sich die Eltern bei der Anmeldung ihrer Kinder zuerst wenden: in der Regel die Leiterinnen der Kindertagesstätten bzw. Mitarbeiterinnen der Jugendämter, wenn die Anmeldung zentral erfolgt. Bei ihnen liegt es vor allen Dingen, die Eltern von der Notwendigkeit einer Begleitung zu überzeugen. Die Leiterinnen sind auch gefordert, wenn es darum geht, die Aufnahme so zu staffeln, dass nach Möglichkeit nicht mehr als ein Kind pro Woche und Gruppe gleichzeitig eingewöhnt werden muss. Sie sind bei dieser Aufgabe auf die Unterstützung des Jugendamtes bzw. des Trägers der Einrichtung angewiesen. Eventuell muss hier auch das zuständige Fachressort der Landesregierung tätig werden, um ein flexibles Umgehen mit Stichtagsregelungen zu ermöglichen oder die Frage der Beitragszahlungen der Eltern zu regeln, wenn diese ihr Kind wegen der notwendigen Staffelung der Aufnahme erst zu einem späteren Zeitpunkt als geplant in die Einrichtung geben können.

Erst das Zusammenwirken von Kita-Leitung, Erzieherinnen, Eltern und Träger kann die Voraussetzungen schaffen, unter denen eine an dem hier vorgestellten Modell orientierte Eingewöhnung der Kinder möglich wird. Dabei sollte schon die im Kinder- und Jugendhilfegesetz festgelegte Verpflichtung der Jugendbehörden auf das Kindeswohl Anlass genug sein, alle Anstrengungen zu unternehmen, um die insbesondere für Kinder in den ersten beiden Lebensjahren seit längerem in der Forschung bekannten Risiken erhöhter Erkrankungsraten und der Beeinträchtigung ihrer Entwicklung nach Aufnahme einer Tagesbetreuung zu verringern.

Obwohl der gegenwärtige Forschungsstand sehr deutlich darauf verweist, dass eine gut qualifizierte Tagesbetreuung von Kindern unter drei Jahren keine der von ihren Gegnern beschworenen Risiken enthält[27], muss doch sorgfältig darauf geachtet werden, die dabei vorausgesetzte gute Qualität der Betreuung auch zu gewährleisten. Zu einem qualitativ guten Betreuungsangebot gehört dabei auch die angemessene Gestaltung der Eingewöhnungssituation. Die Ergebnisse des bereits zitierten Forschungsprojekts der Freien Universität[26] haben dabei zu der Erkenntnis beigetragen, dass und warum Krippenkinder in dieser Übergangssituation überfordert sein können, wenn sie sich nicht auf die Anwesenheit eines Elternteils stützen können.

---

26 *Laewen, H.-J.: Nichtlineare Effekte einer Beteiligung von Eltern am Eingewöhnungsprozeß von Krippenkindern: Die Qualität der Mutter-Kind-Bindung als vermittelnder Faktor. Psychologie in Erziehung und Unterricht 2 (1989). S. 102–108.*

27 *Laewen, H.-J.: Zur außerfamilialen Tagesbetreuung von Kindern unter drei Jahren: Stand der Forschung und notwendige Konsequenzen. Zeitschrift für Pädagogik 6 (1989). S. 869–888.*

Das in diesem zweiten Teil der Broschüre vorgestellte Eingewöhnungsmodell stellt eine Antwort auf diese Problematik dar. Die Idee einer Beteiligung der Eltern an der Eingewöhnung ist dabei keineswegs neu. Sie wurde in der DDR, die weltweit die relativ zu ihrer Bevölkerung meisten Krippenplätze anbot, seit der zweiten Hälfte der 80er Jahre praktiziert. Das hier vorgestellte Modell bietet jedoch die erste systematische Darstellung der Eingewöhnungsproblematik und ihrer Lösung an und ist der bislang am besten begründete Verfahrensvorschlag auf diesem Gebiet. Die bisher vorliegenden Erfahrungen mit seiner praktischen Anwendung zeigen, dass die Akzeptanz bei Eltern überraschend hoch ist und die Schwierigkeiten geringer als befürchtet. Über weite Strecken verhalten sich die Kinder in der konkreten Eingewöhnungssituation offensichtlich wie im Modell »vorhergesagt«, wobei aber auch immer wieder Fragen auftauchen, auf die das Modell keine direkte Antwort enthält. Soweit uns solche Fragen bis zur Fertigstellung des Buchmanuskripts bekannt geworden sind, haben wir sie berücksichtigt. Wir bleiben jedoch in dieser Hinsicht mit den Kindertagesstätten »im Gespräch« und werden das Modell von Zeit zu Zeit durch ergänzende Informationen vervollständigen.

Will man die von uns vorgeschlagene Vorgehensweise für die Eingewöhnungszeit kurz charakterisieren, könnte man sagen, dass es das grundlegende Ziel einer solchen Eingewöhnung ist, in Kooperation mit den Eltern dem Kind unter dem Schutz einer Bindungsperson das Vertrautwerden mit der neuen Umgebung und den Aufbau einer »Bindungsbeziehung« zur Erzieherin zu ermöglichen. Die Eingewöhnungszeit ist abgeschlossen, wenn das Kind die Erzieherin als »sichere Basis« akzeptiert, d.h. wenn die Erzieherin das Kind trösten kann, wenn es unglücklich ist. Die Dauer des dafür erforderlichen Zeitraums hängt

u. a. von der Individualität des Kindes, vom Muster seiner Bindungsbeziehung und seinen Vorerfahrungen mit Trennungssituationen ab. Erfahrungen mit der Beteiligung von Eltern an der Eingewöhnung von Krippenkindern in Norditalien[28] und unsere eigene Untersuchung zeigen, dass der Eingewöhnungsprozess die Begleitung der Eltern in der Regel für ein bis zwei, längstens drei Wochen erfordert.

Die Sorge mancher Eltern, ihr Kind an die Erzieherin zu »verlieren«, die sich erfahrungsgemäß zusätzlich belastend auf den Eintritt des Kindes in die Kindertagesstätte auswirken kann, ist dabei unbegründet. Eine Reihe von Untersuchungen aus den USA zeigen, dass Kinder, wenn sie die Wahl haben, in ihrer überwältigenden Mehrheit die Mütter vor den Erziehern bevorzugen.[10/13/22/30] Die Eltern bleiben also Hauptbindungspersonen.

Das nachfolgend beschriebene Eingewöhnungsmodell enthält Vorschläge für die Gestaltung der Übergangssituation von Kleinkindern in Kindertagesstätten, die an die Mitarbeiterinnen der Kindertagesstätten ebenso wie an die Eltern der Kinder gerichtet sind, jedoch auch die Mitarbeiter(innen) der Jugendämter und das Beratungspersonal betreffen. Wir haben bereits darauf hingewiesen, dass erst die Kooperation aller direkt oder indirekt an der Aufnahme des

---

10 *Cummings, E. M.: Caregiver stability and day care. Developmental Psychology 16 (1980). S. 31–37.*

13 *Farran, D. C. & Ramey, C. T.: Infant day care and attachment behaviours toward mothers and teachers. Child Development 48 (1977). S.1112–1116.*

22 *Kagan, J., Kearsley, R. & Zelazo, P.: Infancy. Havard University Press. Cambridge, M A. 1980.*

28 *Mantovani, S.: Family and creche: emotional continuity as a condition for development and learning. Vortrag, gehalten auf dem internationalen Symposium: Modelle der Kleinstkind-Pädagogik in Familie und Gesellschaft. Berlin, Juni 1984. (Das Kitaberaterteam Kreuzberg hat eine gekürzte Fassung des Vortrags ins Deutsche übersetzt.)*

30 *Ragozin, A. S.: Attachment behavior of day-care children: naturalistic and laboratory observations. Child Development 51 (1980). S. 409–415.*

Kindes in eine Kindertagesstätte beteiligten Personen und Institutionen letztendlich die Bedingungen schaffen kann, die für eine erfolgreiche Bewältigung dieser kritischen Phase der Tagesbetreuung von Kleinkindern im Sinne des Kindeswohls notwendig sind.

Die Vorschläge zur Gestaltung der Eingewöhnungssituation sind dabei entweder direkt aus der grundlegenden Zielsetzung der Eingewöhnung abgeleitet, oder stützen sich auf Forschungsergebnisse, auf die wir im jeweiligen Zusammenhang hinweisen werden. Darüber hinaus sind Erfahrungen, die mit dem Reggio-Modell [28] gemacht worden sind und Hinweise von erfahrenen Erzieherinnen in das Modell einbezogen worden.

1.2 Die Entscheidung über eine kürzere oder längere Begleitung der Kinder durch Mutter oder Vater

Bevor wir mit der Darstellung des Modells beginnen können, muss noch ein Problem von großer praktischer Bedeutung gelöst werden. In Kapitel 8 des ersten Teils haben wir darauf hingewiesen, dass in der dort zitierten Berliner Studie eine kürzere oder längere Dauer der von einem Elternteil begleiteten Eingewöhnungszeit der Kinder mit günstigen oder ungünstigen Entwicklungen bei den Kindern zusammenhing, je nach dem, welches Bindungsmuster die Kinder vor Krippeneintritt zu ihren Müttern aufgebaut hatten.

Das Auswertungsverfahren, mit dessen Hilfe die Bindungsmuster der Kinder ermittelt werden können, ist jedoch ziemlich kompliziert, und es bedarf speziell ausgebildeter Psychologen, um es korrekt anwenden zu können. Da es auch in den alten Bundesländern nur

28 *Mantovani, S.: Family and creche: emotional continuity as a condition for development and learning. Vortrag, gehalten auf dem internationalen Symposium: Modelle der Kleinstkind-Pädagogik in Familie und Gesellschaft. Berlin, Juni 1984. (Das Kitaberaterteam Kreuzberg hat eine gekürzte Fassung des Vortrags ins Deutsche übersetzt.)*

einige wenige davon gibt, kommt eine Bestimmung der Bindungsmuster der Kinder vor ihrem Eintritt in eine Kindertagesstätte nicht in Frage. Wie soll nun aber die Erzieherin entscheiden können, ob Mutter oder Vater ihr Kind für eine kürzere oder eine längere Eingewöhnungszeit begleiten sollen?

Zur Beantwortung dieser Frage wäre weitere Forschung sehr sinnvoll, wenngleich sich inzwischen ein Weg abzeichnet, der möglicherweise eine sogar bessere Alternative darstellt als die (aus praktischen Gründen) nicht durchführbare Bestimmung der Bindungsmuster. Schon in dem Projekt konnten einige Kinder mit so genannten »sicheren« Bindungen an ihre Mütter identifiziert werden, die offenkundig auch mit kürzeren Eingewöhnungszeiten in Begleitung ihrer Mütter keine Probleme hatten. Es scheint also sinnvoller zu sein, sich weniger an den Bindungsmustern als daran zu orientieren, wie lange die Kinder in der Eingewöhnungssituation ihre Mütter oder Väter wirklich brauchen.

Die Antwort auf diese Frage hängt zwar auch mit den Bindungsmustern zusammen, ist aber nicht identisch damit. Sie hängt unter anderem davon ab, ob die Kinder frühzeitig gelernt haben, mit stressreichen Situationen allein fertig zu werden oder ob es ihnen erlaubt wurde, sich in derartigen Situationen auf ihre Eltern zu stützen, sie offen als »sichere Basis« zu »benutzen«. Ob aber ein Kind versucht, selbst mit der Situation fertig zu werden oder ob es sich offen auf den begleitenden Elternteil stützt, kann leicht von der Erzieherin während der ersten Tage der Anwesenheit des Kindes beobachtet werden. Seine Reaktion auf die erste Trennung am vierten Tag und, wichtiger noch, auf die Rückkehr von Mutter oder Vater nach dieser ersten Trennung, kann ebenfalls leicht beobachtet werden und gibt weitere Anhaltspunkte für die Entscheidung über eine kürzere oder längere begleitete

Eingewöhnungszeit. Diese Entscheidung benötigt also keine Analyse des Bindungsmuster der Kinder, sondern orientiert sich an ihrem konkreten Verhalten in den ersten Tagen in der Einrichtung. Hinweise darauf, auf welche Verhaltensweisen dabei zu achten ist, werden weiter unten in dem entsprechenden Kapitel gegeben. Auch existiert inzwischen Videomaterial, das derartige Verhaltensweisen am Beispiel zweier Eingewöhnungsverläufe illustriert.

2. Das Eingewöhnungsmodell von INFANS Kurzbeschreibung

Das Eingewöhnungsmodell ist durch fünf Stufen des Vorgehens charakterisiert

1. Eine rechtzeitige Information der Eltern des Kindes darüber, dass ihre Beteiligung am Eingewöhnungsprozess des Kindes erwartet wird, über die Bedeutung ihrer Anwesenheit für das Kind, sowie über Einzelheiten des Eingewöhnungsprozesses. Die Eltern sollten auf den zu erwartenden und wünschenswerten Aufbau einer Beziehung des Kindes zu seiner Erzieherin vorbereitet werden und seine Bedeutung für das Kind sollte erklärt werden. Wichtig ist der Hinweis darauf, dass die Eltern Hauptbindungspersonen bleiben werden. Ziel dabei ist es, eventuell vorhandene Trennungsängste der Eltern zu mildern, die sonst den Eingewöh-

nungsprozess des Kindes außerordentlich erschweren können. Wie bereits erwähnt zeigt sich in der Praxis, dass so gut wie alle Eltern bereit sind, ihr Kind in den ersten Tagen zu begleiten. Ein »Info für Eltern« liegt inzwischen vor. [25]

2. Eine dreitägige Grundphase der Eingewöhnung, während der ein Elternteil das Kind in die Kindertagesstätte begleitet und sich dort zusammen mit ihm im Gruppenraum aufhält. Wenn das Kind eine enge Beziehung zur Oma oder zu einer anderen Person hat, kann auch sie diese Rolle übernehmen. Allerdings würde hierbei die Chance zum gegenseitigen Kennenlernen für die Eltern des Kindes und die Erzieherinnen vergeben werden. Durch Verhaltensempfehlungen für die Zeit ihrer Anwesenheit im Gruppenraum sollte die Erzieherin Unsicherheiten bei den Eltern abbauen und dem Kind die Eingewöhnung erleichtern. Dazu gehören etwa die folgenden Vorschläge: Die Eltern sollten sich im Gruppenraum eher passiv verhalten, ihr Kind auf keinen Fall drängen, sich von ihnen zu entfernen und es immer akzeptieren, wenn das Kind ihre Nähe sucht. Das Kind wird von selbst beginnen, die neue Umgebung zu erkunden, wenn es dazu bereit ist. Es wird sich vielleicht von Zeit zu Zeit mit raschen Blicken vergewissern, ob es noch die Aufmerksamkeit von Mutter oder Vater hat und sich ggf. in den »sicheren Hafen« ihrer Nähe flüchten.

   Diesen »sicheren Hafen« zu spielen, ist exakt die Aufgabe des eingewöhnenden Elternteils. Dieser sollte weder versuchen, das Kind zu unterhalten, noch sollte er mit anderen Kindern spielen oder etwa eine Zeitschrift lesen. In den beiden letzteren

[25] *Laewen, H.-J., Andres, B. & Hedervari, E.: Ohne Eltern geht es nicht – Die Eingewöhnung von Kindern in Krippen und Tagespflegestellen. Berlin (1990).*

Fällen würde er seine Aufmerksamkeit vom Kind abwenden und damit in der Regel sein Kind irritieren, das sich dann eher damit beschäftigen wird, die Aufmerksamkeit von Vater oder Mutter wieder zu gewinnen, als dass es sich mit der neuen Umgebung und der Erzieherin vertraut machen würde. Das Gefühl, jederzeit die Aufmerksamkeit von Mutter oder Vater zu haben, erleichtert dem Kind die Eingewöhnung erheblich und trägt zu einer guten Anfangssituation bei. (Manchmal halten Vater oder Mutter es jedoch einfach nicht aus, nur so dazusitzen und ihr Kind zu beobachten. Dann ist es zumindest die zweitbeste Lösung, wenn sie lesen oder stricken, aber wenigstens anwesend sind.)

Die Erzieherin versucht vorsichtig und ohne zu drängen, am besten über Spielangebote oder Beteiligung am Spiel des Kindes, Kontakt zu ihm aufzunehmen. Sie beobachtet sorgfältig die Interaktion zwischen Kind und Mutter bzw. Vater und sucht nach Anhaltspunkten, die für eine kürzere oder längere Eingewöhnungszeit sprechen (vgl. Kapitel 4).

Trennungsversuche finden in der Grundphase nicht statt.

3. Eine vorläufige Entscheidung über die Dauer der Eingewöhnungszeit am vierten Tag. An diesem Tag (Wenn es ein Montag ist, einen Tag später!) unternimmt der begleitende Elternteil einen ersten Trennungsversuch. Einige Minuten nach Ankunft im Gruppenraum verabschiedet er sich vom Kind und verlässt den Raum, auch wenn das Kind protestiert, bleibt aber in der Nähe der Tür.

   Reagiert das Kind auf den Weggang von Mutter oder Vater eher gleichmütig, ist es weiter interessiert an seiner Umgebung und bleibt ansprechbar, so kann diese erste Trennungsepisode bis maximal dreißig Minuten ausgedehnt werden. Dies gilt auch, wenn das Kind zwar zu weinen beginnt, sich aber rasch und dauerhaft von der Erzieherin beruhigen lässt. Zeigt das Kind Anzeichen von Erschöpfung (z. B. auch durch Rückzug zu dem Platz, an dem Mutter oder Vater gesessen haben), sollte der Trennungsversuch für diesen Tag beendet werden.

Wirkt das Kind nach dem Weggang des Elternteils verstört (erstarrte Körperhaltung, deutliche Passivität) oder beginnt zu weinen und lässt sich von der Erzieherin nicht innerhalb kurzer Zeit beruhigen, so kehrt der begleitende Elternteil nach zwei bis drei Minuten in den Gruppenraum zurück. Auch wenn das Kind diese Verhaltensweisen erst nach einigen Minuten zeigt, kehren Mutter oder Vater wieder in den Gruppenraum zurück.

Die Erzieherin beobachtet während des Abschieds und bei der Wiederkehr des begleitenden Elternteils das Verhalten des Kindes gegenüber Mutter oder Vater. Es kommt dabei darauf an, durch Beobachtung des Kindes in der Grundphase und während dieser ersten Trennung herauszufinden, in welchem Maß das Kind die Anwesenheit von Mutter oder Vater über sechs Tage hinaus wirklich braucht. Häufige Blickkontakte zu Mutter oder Vater, offene und unbefangene Annäherungen bis zum Körperkontakt während der ersten drei Tage und bei Rückkehr von Mutter oder Vater nach der ersten Trennung sind Anzeichen für die Notwendigkeit einer längeren begleiteten Eingewöhnungszeit von zwei bis drei Wochen. Klare Versuche der Kinder, selbst mit Belastungssituationen fertig zu werden und sich dabei nicht an den begleitenden Elternteil zu wenden, eventuell sogar Widerstand gegen ein Aufnehmen, wenige Blickkontakte zu Mutter oder Vater und seltene oder gar keine, oft eher zufällig wirkende Körperkontakte sprechen für eine kürzere Eingewöhnungszeit von etwa sechs Tagen. Die Erzieherin muss von Beginn an auf derartige Anzeichen achten, denn eine unnötig ausgedehnte Begleitung durch die Eltern kann manchen Kindern eher schaden als nützen.

4. Eine Stabilisierungsphase, die mit dem vierten Tag beginnt (dem fünften Tag, wenn der vierte Tag ein Montag war!) und in der die Erzieherin, zunächst im Beisein des Elternteils, in zunehmendem Maße die Versorgung des Kindes übernimmt (Füttern, Wickeln) und sich ihm als Spielpartner anbietet. Die begleitenden Eltern überlassen es jetzt immer der Erzieherin, als Erste auf Signale des Kindes zu reagieren und helfen nur, wenn das Kind die Erzieherin noch nicht akzeptiert. Unter Beachtung der Reaktionen des Kindes vergrößern sie für die Kinder mit kurzer Eingewöhnungszeit täglich den Zeitraum, in dem das Kind allein mit der Erzieherin bleibt, halten sich für den Notfall jedoch in der Nähe, nach Möglichkeit in der Einrichtung auf. Mit Hilfe der Erzieherin entwickelt der begleitende Elternteil ein kurzes Abschiedsritual mit dem Kind, das von nun an eingehalten werden soll und dem Kind die tägliche Trennung sehr erleichtern kann.

   Akzeptiert das Kind die Trennung von den Eltern noch nicht und lässt es sich während ihrer Abwesenheit von der Erzieherin nicht sicher beruhigen, sollte mit weiteren Trennungsversuchen bis zur zweiten Woche gewartet werden.

5. Eine Schlussphase, in der die Eltern sich nicht mehr gemeinsam mit dem Kind in der Kindertagesstätte aufhalten, jedoch jederzeit erreichbar sind, falls die Tragfähigkeit der neuen Beziehung zur Erzieherin noch nicht ausreicht, um das Kind in besonderen Fällen aufzufangen. Die Eingewöhnung des Kindes ist grundsätzlich dann abgeschlossen, wenn es die

Erzieherin als »sichere Basis« akzeptiert hat und sich von ihr trösten lässt. Dabei kann es durchaus vorkommen, dass das Kind gegen den Weggang seiner Eltern protestiert (Bindungsverhalten zeigt), das ist sein gutes Recht. Entscheidend ist, ob es sich von der Erzieherin schnell beruhigen lässt, wenn die Eltern gegangen sind und sich danach interessiert und in guter Stimmung den angebotenen Aktivitäten zuwendet.

Insgesamt muss berücksichtigt werden, dass auch unter günstigen Bedingungen der Eingewöhnungsprozess den Kindern hohe Anpassungsleistungen abverlangt. Es kann häufig beobachtet werden, dass die Kinder nach dem Aufenthalt in der Kindertagesstätte in der ersten Zeit sehr müde sind. Es ist u.a. aus diesem Grund sehr wichtig, dass die Kinder, wo immer dies möglich ist, wäh-rend der ersten Wochen die Einrichtung nur halbtags besuchen. Die Eltern sollten auf diesen Sachverhalt möglichst frühzeitig hingewiesen werden.

3. Das Eingewöhnungsmodell von INFANS Vorbereitung und Ablauf der Eingewöhnung

3.1 Die Information der Eltern

Spätestens bei der Anmeldung der Kinder für einen Besuch der Kindertagesstätte werden die Eltern darüber informiert, dass ihre Beteiligung an der Eingewöhnung ihres Kindes erwartet wird, welche Bedeutung ihre Beteiligung für das Kind hat und wie lange die Eingewöhnungszeit längstens dauern wird. Allgemeine Grundsätze und wichtige Einzelheiten zur Eingewöhnung sollten auf einem Merkblatt zusammengefasst und den Eltern mitgegeben werden. Wichtigste Informationsgrundlage ist jedoch das persönliche Gespräch mit den Eltern, das in der Regel von der Leiterin der Kindertagesstätte oder, bei zentraler Anmeldung der Kinder, von einem Mitarbeiter des Jugendamts geführt wird. In diesem Gespräch sollten insbesondere die folgenden Themen angesprochen werden:

1. die Bedeutung der frühen Bindungen der Kinder,
2. die Rolle der Eltern im Eingewöhnungsprozess,
3. die Stabilität der Bindungsbeziehungen der Kinder zu ihnen,
4. die Rolle der Erzieherin im Eingewöhnungsprozess,
5. die Bedeutung von Verhaltensunterschieden beim Kind in der Kindertagesstätte und in der Familie,
6. Möglichkeiten der Eltern, den Eingewöhnungsprozess der Kinder vorbereitend zu unterstützen,
7. der Ablauf der Eingewöhnung,
8. Vorschläge zum Verhalten in der Eingewöhnungssituation.

Begründung: Die Informationen zu 1. und 2. sollen es den Eltern ermöglichen, die Gründe für eine Beteiligung an der Eingewöhnung ihrer Kinder zu verstehen und ihre Rolle richtig einzuschätzen.[24] Zugleich werden die Eltern dadurch zu einer eher kooperativen als konsumierenden Haltung gegenüber der Kindertagesstätte angeregt, insofern die Aufnahme ihres Kindes in die Kindereinrichtung als Kooperationsaufgabe definiert und begründet wird. Die Erfahrungen aus Italien und Berichte aus Berliner Krippen, die bereits mit dem

---

24 *Laewen, H.-J.: Zwischen Sicherheit und Neugier. Spielen und Lernen 3 (1988). S. 22–25.*

Modell gearbeitet haben, sprechen dafür, dass Eltern, die in die Eingewöhnung ihrer Kinder einbezogen waren, sich stärker für die Anliegen der Kindertagesstätte interessieren und häufiger an Elternabenden teilnehmen.

Die Informationen zu 3. und 4. sollen den Eltern helfen, unbegründete Verlustängste zu überwinden. Eltern beobachten die Beziehung, die sich zwischen ihren Kindern und der Erzieherin entwickelt, häufig mit eifersüchtiger Sorge, die in der Befürchtung gründet, das Kind an die Erzieherin zu verlieren. Untersuchungen haben gezeigt, dass Trennungsängste der Mutter die Integration des Kindes in die neue Umgebung ernsthaft behindern können, so dass einem Abbau derartiger Befürchtungen eine erhebliche Bedeutung zukommt. Sachliche Information darüber, dass Kleinkinder in Tagesbetreuung in ihrer überwältigenden Mehrheit ihre Mütter vor ihren Erzieherinnen bevorzugen, wenn sie die Wahl haben,[10/13/22/30] können derartige Ängste vermutlich nicht völlig abbauen, könnten sie jedoch vermindern. Die positive Reaktion von Eltern auf Informationsveranstaltungen, die wir in der Vergangenheit zu diesem Thema durchgeführt haben, unterstützt diese Erwartung.

Die Informationen zu 5. dienen dem gleichen Zweck. Eltern führen gelegentlich das Verhalten, das ihre Kinder aufgrund der neuen Lernumgebung »Kindertagesstätte« dort, nicht aber in der Familie zeigen, auf einen vermeintlich größeren Einfluss der Erziehe-

---

10 *Cummings, E. M.: Caregiver stability and day care. Developmental Psychology 16 (1980). S. 31–37.*

13 *Farran, D. C. & Ramey, C. T.: Infant day care and attachment behaviours toward mothers and teachers. Child Development 48 (1977). S.1112–1116.*

22 *Kagan, J., Kearsley, R. & Zelazo, P.: Infancy. Havard University Press. Cambridge, MA. 1980.*

30 *Ragozin, A. S.: Attachment behavior of day-care children: naturalistic and laboratory observations. Child Development 51 (1980). S. 409–415.*

rin auf das Kind zurück (»Bei mir isst er den Spinat nie!«). Hier soll den Eltern deutlich gemacht werden, dass das Kind zusammen mit der Erzieherin in der Kindertagesstätte einfach andere Dinge lernt als zu Hause mit Mutter oder Vater. Das hat überhaupt nichts mit größerem oder geringerem Einfluss zu tun. Für das Kind ist der Spinat in der Kindertagesstätte schon wegen der anderen Umgebung, die zum »Kindertagesstättenspinat« gehört, ein anderer Spinat als der zu Hause. Die Dinge und ihre Umgebung gehören für das Kind noch zusammen, dies umso mehr, je jünger das Kind ist. Darüber hinaus entwickelt das Kind mit der Erzieherin andere Gewohnheiten (z. B. eben auch hinsichtlich der Bewertung von Spinat), als mit Mutter oder Vater. Die Erzieherin hat also auf das Kind keinen größeren, sondern nur einen anderen Einfluss.

Die Informationen zu 6. sollen die Eltern darauf hinweisen, nach Möglichkeit zusätzliche Belastungen des Kindes unmittelbar vor oder während der Eingewöhnungszeit zu vermeiden. Dazu gehört im Prinzip jede größere Veränderung im Alltagsleben des Kindes sowie Erkrankungen auch leichterer Art.

Unter Punkt 7. werden eher allgemeine Informationen zum Ablauf der Eingewöhnung gegeben, die es den Eltern ermöglichen sollen, sich ein Bild von der auf sie zukommenden Situation zu machen und entsprechend planen zu können.

Die Informationen zu 8. sollen den Eltern einerseits Orientierungshilfen für ihr Verhalten in der Kindereinrichtung geben und damit Verhaltensunsicherheiten abbauen, andererseits die Rolle genauer beschreiben, die sie in der Eingewöhnungszeit in der Kindertagesstätte spielen werden. Es ist sicher sinnvoll, diese Hinweise den Eltern kurz vor der Aufnahme des Kindes nochmals zu erläutern. Insgesamt könnten Merkblätter und Kurzinfos, die den Eltern wiederholt an die Hand gegeben werden (z. B. bei der Anmeldung, bei Vertragsabschluss und noch einmal kurz vor der Eingewöhnungszeit) hier vielleicht hilfreich sein. Ein von uns erarbeitetes ausführliches Elterninfo liegt inzwischen vor. [25]

3.2 Allgemeine Vorschläge für die organisatorische Gestaltung der Eingewöhnung in der Kindertagesstätte

Die angeleitete Beteiligung der Eltern an der Eingewöhnung ihrer Kinder nimmt eine zentrale Position im Modell ein. Wenn Vater oder Mutter während der Übergangszeit in der Kindertagesstätte anwesend ist, kann sich das Kind beobachtend und handelnd der neuen Umgebung zuwenden, sich von einer »sicheren Basis« aus mit ihr vertraut machen und mit der Zeit eine tragfähige Beziehung zur Erzieherin aufbauen.

Ein solches kindorientiertes Vorgehen lässt sich in der Regel jedoch ohne organisatorische Vorbereitungen kaum realisieren. Eine wichtige Voraussetzung für ein Gelingen des Vorhabens wurde im vorangegangenen Kapitel bereits behandelt: die rechtzeitige und überzeugende Information der Eltern. Aber auch der Ablauf und die Organisation des Alltags in der Kindertagesstätte müssen in der Regel zumindest zeitweise an diese Übergangssituation angepasst werden. Die nachfolgende Zusammenstellung gibt Hinweise, worauf geachtet werden sollte.

1. Während und unmittelbar nach der Eingewöhnungszeit sollte kein Urlaub genommen werden. Für die eingewöhnende Erzieherin ergibt sich eine solche Regel unmittelbar aus dem Sinn einer Eingewöhnung: ein Kind kann eine Beziehung nur zu einer Erzieherin aufbauen, die anwesend ist.

[25] *Laewen, H.-J., Andres, B. & Hedervari, E.: Ohne Eltern geht es nicht – Die Eingewöhnung von Kindern in Krippen und Tagespflegestellen. Cornelsen Verlag Scriptor, Berlin, Düsseldorf, Mannheim (2006).*

Aber auch die Kolleginnen, die vielleicht selbst keine neuen Kinder aufnehmen, sollten bereit sein, eine eingewöhnende Kollegin zu entlasten (z.B. von Krankheitsvertretungen), insbesondere dann, wenn diese eine neue Gruppe aufbaut.

2. Es muss in der Kindertagesstätte ein Ort gefunden werden, an dem Eltern, die ihre Kinder erstmals für kurze Zeit allein in der Obhut ihrer Erzieherinnen lassen, sich aufhalten können, um die Reaktion der Kinder abzuwarten. Ein solcher Ort ist in vielen Einrichtungen nicht vorgesehen, und ihn zu finden verlangt vielleicht Phantasie. Er sollte jedoch so beschaffen sein, dass sich die Eltern, die sich in dieser Situation häufig ohnehin nicht wohl in ihrer Haut fühlen, von ihrer Kindertagesstätte freundlich aufgenommen und nicht mit knapper Not geduldet fühlen.

3. Das Vertrautwerden mit der neuen Umgebung wird den Kindern erleichtert, wenn sie während der ersten Eingewöhnungstage auf für sie überschaubare Teilbereiche ihrer neuen Umgebung treffen und nicht durch ein Zuviel an Neuem überfordert werden. Entsprechend sollten die Anwesenheitszeiten mit den Eltern so verabredet werden, dass die ersten Kontakte zwischen der zuständigen Gruppenerzieherin und dem Kind in dem Raum der Kindertagesstätte stattfinden können, in dem sich das Kind später überwiegend aufhalten wird.

   Wenn während der Sommerzeit der Garten genutzt wird, sollte zumindest eine überschaubare und ruhige Ecke des Gartens ausgewählt werden, die dann während der Eingewöhnungszeit für die eingewöhnende Erzieherin reserviert sein sollte.

   Geht das Interesse an den anderen Räumen oder am Garten vom Kind selbst aus, spricht nichts dagegen, ihm die Erkundung dieser weiteren Umgebung zu gestatten. Vor allem bei Kindern ab zwei Jahren kann mit derartigen Verhaltensweisen gerechnet werden. Eher bei den kleineren Kindern wird es vorkommen, dass sie (aber keineswegs immer) Mutter oder Vater als »sichere Basis« mit sich nehmen wollen. Die Eltern sollten dann ermutigt werden, diesem Verlangen des Kindes nachzukommen.

4. Sind in der Kindergruppe zwei Erzieherinnen tätig, sollte es den Kindern zunächst ermöglicht werden, mit einer Erzieherin vertraut zu werden und zu ihr eine tragfähige Beziehung aufzubauen. Das wird erleichtert, wenn sich jede der beiden Kolleginnen bestimmten Kindern zuordnet, vorrangig für diese Kinder zuständig ist und sich diesen als Bindungsperson anbietet. Auf diese Weise werden die Kinder in der Eingewöhnung nicht zusätzlich mit der Notwendigkeit belastet, gleichzeitig zu zwei Erwachsenen Beziehungen aufbauen müssen. Für das Kind sollte klar sein, wer seine Erzieherin ist.

5. Es können Fälle auftreten, in denen durch eine Notsituation eine übergangslose Aufnahme des Kindes in die Kindertagesstätte unumgänglich ist. Aber auch wenn sich die Eingewöhnung des Kindes in Begleitung eines Elternteils oder einer anderen Bindungsperson im Einzelfall nicht realisieren lässt, können die Belastungen, denen das Kind während der Übergangszeit ausgesetzt ist, zumindest verringert werden.

   Die Kindertagesstätte sollte in diesen Fällen sicherstellen, dass das Kind zunächst mit einer Erzieherin vertraut wird, die ihm dann nach einigen Tagen in der schwierigen Übergangssituation Hilfe und Trost geben kann. Insbesondere der Frühdienst sollte so organisiert werden, dass Kinder, die wegen eines Notfalls ohne die Unterstützung durch ihre Eltern oder eine andere Bindungsperson den Übergang schaffen müssen, auf jeden Fall von ihrer Erzieherin empfangen werden. Es ist für ein Kind, das unter Anstrengungen im Laufe einer Woche eine Beziehung zu seiner Erzieherin entwickelt hat, ein großes Unglück, wenn es in der folgenden Woche morgens auf eine Fremde trifft, weil turnusmäßig der Frühdienst gewechselt hat.

6. Alle Kinder, die ihre ersten Tage in der Kindertagesstätte in Begleitung ihrer Eltern verbringen, sollten zunächst nicht in der Frühdienstzeit kommen. Ist dies später notwendig, sollten sie zuvor mit der Frühdiensterzieherin bekannt geworden sein und Vertrauen zu ihr gewonnen haben. Die Gruppenerzieherin kann, sobald das Kind eine tragfähige Beziehung zu ihr aufgebaut hat, diesen Prozess anleiten und unterstützen. Sie übernimmt dabei in der Kindertagesstätte die Funktionen einer »sicheren Basis«, die zuvor die Eltern wahrgenommen haben.

7. Wird in einer Gruppe die Mehrzahl der Kinder neu aufgenommen, sollte die Eingewöhnungsphase so organisiert werden, dass pro Woche nicht mehr als höchstens ein Kind eingewöhnt wird. Lässt sich eine solche Staffelung der Aufnahme im Ausnahmefall nicht realisieren, sollte zumindest von der Möglichkeit Gebrauch gemacht werden, die Anwesenheit der Kinder auf verschiedene Zeiten zu legen (etwa das erste Kind von 8 bis 9 Uhr, das zweite Kind von 10 bis 11 Uhr).

   Begründung: Diese Regelung soll die Erzieherin vor Überlastung schützen, mit der dann zu rechnen wäre, wenn sie mehr als ein Kind aufmerksam beobachten und vorsichtigen Kontakt zu ihnen aufnehmen sollte. Der Beziehungsaufbau verlangt von der Erzieherin ein Höchstmaß an Sensibilität und Offenheit gegenüber dem zunächst fremden Kind und führt leicht zu Erschöpfung oder Abwehr, wenn hier zu viel verlangt wird.

Beobachtungen an knapp 200 Kindern in Berlin haben gezeigt, dass die gleichzeitige Aufnahme von mehr als einem Kind pro Woche und Gruppe auch bei den Kindern zu Stressreaktionen führt, die noch nach Wochen zu beobachten sind.

3.3 Allgemeine Vorschläge für die Erzieherin

1. In Ergänzung zu dem ersten Informationsgespräch, das die Kita-Leiterin mit den Eltern geführt hat, sollte auch die zuständige Gruppenerzieherin die Eltern rechtzeitig vor dem ersten Eingewöhnungstag kennen lernen. In einem Gespräch über den Alltag in der Kindereinrichtung, die wechselseitigen Vorstellungen und Erwartungen und über Besonderheiten und Vorlieben des Kindes kann die Erzieherin einen ersten Eindruck von ihren zukünftigen Partnern in der Betreuung des Kindes gewinnen. Auch können erste Beobachtungen über die Interaktion des Kindes mit seinen Eltern gemacht werden, die für die Entscheidung über eine längere oder kürzere Eingewöhnungszeit nützlich sein können.

   Umgekehrt kann besonders der Elternteil, der das Kind während der Eingewöhnung begleiten wird, in diesem Gespräch erfahren, wie die Eingewöhnung konkret verlaufen wird, und wie er das Kind sinnvoll beim Kennenlernen der neuen Umgebung unterstützen kann. Für die erste Eingewöhnungswoche können bei dieser Gelegenheit die Anwesenheitszeiten von Elternteil und Kind in der Gruppe festgelegt werden.

Begründung: In Norditalien wird auf diesen Erstkontakt zwischen Eltern und Erzieherin ein besonderes Gewicht gelegt. [11/28] Auch uns scheint ein solcher Beginn eine ausgezeichnete Möglichkeit zu sein, die Grundlage für ein Vertrauensverhältnis zwischen Eltern und Erzieherin zu schaffen, das dann während der Anwesenheit von Mutter oder Vater in der Eingewöhnungszeit gefestigt wird.

2. Routinemäßiges Baden der Kinder sollte in der Eingewöhnungszeit vermieden werden. Es bedingt einen längeren, direkten Körperkontakt zwischen der noch fremden Erzieherin und dem Kind und kann zu Protestreaktionen führen.

3. Falls in der Kindertagesstätte den Kindern während ihrer Anwesenheit üblicherweise Spielhosen oder Ähnliches übergezogen werden, sollte in der Zeit der Eingewöhnung darauf verzichtet werden.

   Begründung: Eine Trennung von der persönlichen und gewohnten Kleidung kann für das Kind eine zusätzliche Belastung darstellen. Der Geruchssinn spielt vor allem für Kinder im Krippenalter noch ein bedeutsame Rolle in ihrer Umweltwahrnehmung, sodass der Geruch der fremden Kleidung einen unnötigen Stressfaktor darstellen kann.

4. Während der Eingewöhnungszeit sollte die Erzieherin ihr äußeres Erscheinungsbild nicht stark verändern.

---

11 *Dreier, A.: Was tut der Wind, wenn er nicht weht? Begegnung mit der Kleinkindpädagogik in Reggio Emilia. Cornelsen Verlag Scriptor, Berlin, Düsseldorf, Mannheim (2006).*

28 *Mantovani, S.: Family and creche: emotional continuity as a condition for development and learning. Vortrag, gehalten auf dem internationalen Symposium: Modelle der Kleinstkind-Pädagogik in Familie und Gesellschaft. Berlin, Juni 1984. (Das Kitaberaterteam Kreuzberg hat eine gekürzte Fassung des Vortrags ins Deutsche übersetzt.)*

Begründung: Kleine Kinder sind häufig außerordentlich irritiert, wenn eine (wenn auch in diesem Fall erst seit kurzer Zeit) bekannte Person in ungewohnter Kleidung, mit deutlich veränderter Frisur, mit (Sonnen-)Brille, mit einem neuen Parfum usw. auf sie zukommt.

5. »Montags nie« heißt die Devise für alle neuen Schritte im Rahmen der Eingewöhnung. Dies gilt besonders für das Schlafenlegen, den ersten Trennungsversuch und das erste Alleinbleiben des Kindes in der Kindertagesstätte.

   Begründung: Während der Eingewöhnungszeit muss sich das Kind erst an seinen wechselnden Aufenthalt in Elternhaus und Kindertagesstätte gewöhnen. Wie die Erfahrung zeigt, fällt es den Kindern nach einem Wochenende zu Hause mit den Eltern besonders schwer, sich am Wochenbeginn wieder in der noch nicht hinreichend vertrauten Umgebung zurecht zu finden.

6. Wenn durch Erkrankung des Kindes die Eingewöhnungszeit unterbrochen wird, muss man nach Ende der Unterbrechung nach den bisherigen Erfahrungen nicht von vorn anfangen. Wenn die Kinder zumindest vier oder fünf Tage die Kindertagesstätte besucht und mit der Erzieherin Kontakt hatten, scheint die bis dahin aufgebaute Beziehung auch nach zwei Wochen noch weiterzubestehen. Trotzdem ist es sinnvoll, dass die Eltern nach der Fehlzeit des Kindes zunächst anwesend sind, bis über die Reaktionen des Kindes Klarheit besteht.

   Erkrankt die Erzieherin, muss in Abhängigkeit von der Dauer der Erkrankung und den personellen Möglichkeiten der Einrichtung erwogen werden, ob ein Neubeginn mit einer Kollegin für das Kind nicht die bessere Alternative ist.

7. Eine Erzieherin, in deren Gruppe Kinder eingewöhnt werden, wird in den ersten Wochen sehr konzentriert arbeiten müssen. Sie sollte über ihr professionelles Engagement in dieser Zeit aber nicht sich selbst vergessen. Der Aufbau der Beziehung zwischen ihr und den Kindern schließt Kontakte zu den Kolleginnen keineswegs aus. Ein »Einschließen« mit den Kindern im Gruppenraum führt vermutlich eher zu Nervosität bei der Erzieherin als zu einem anregenden Beginn für die Kinder. Sie sollte deshalb die Verbindung zu den Kolleginnen nicht abreißen lassen. Die auch im Interesse des Kindes sinnvolle Regelung, die Kindertagesstätte, wo immer möglich, zunächst nur halbtags zu besuchen, trägt hier auch zur Entlastung der Erzieherin bei.

3.4 Allgemeine Vorschläge für die Eltern

1. Wenn Eltern sich entschlossen haben, ihr Kind einige Stunden des Tages in einer Kindertagesstätte betreuen zu lassen, sollten sie den ersten Besuchstag des Kindes nicht bis kurz vor Beginn ihrer Berufstätigkeit aufschieben.

   Begründung: Die Dauer der Eingewöhnungszeit kann durch eine Reihe von Ereignissen beeinflusst werden. Dazu gehören insbesondere Erkrankungen des Kindes, Schließung der Gruppe wegen einer ansteckenden Krankheit, Erkrankung der eingewöhnenden Erzieherin, etc. Die Eltern sollten sich einen gewissen zeitlichen Spielraum schaffen, um auf derartige Umstände flexibel reagieren und ihr Kind auf jeden Fall bis zum Abschluss der Eingewöhnungszeit begleiten zu können.

2. Wenn Eltern das Bedürfnis haben, dem Kind die Anpassung an die neue Umgebung im Vorfeld des

Besuchs der Kindertagesstätte zu erleichtern, können sie die Schlafens- und Essenszeiten ihres Kindes nach und nach an die Zeiten in der Kindertagesstätte annähern.

Begründung: Die Situation vereinfacht sich für das Kind, wenn es sich außer an neue Räume und neue Menschen nicht auch noch an einen neuen Schlaf- und Essrhythmus gewöhnen muss.

3. Die Eingewöhnung des Kindes in die Kindertagesstätte sollte nach Möglichkeit nicht zeitgleich zu anderen Veränderungen in der Familie (wie Geburt oder Schuleintritt eines Geschwisterkindes, Umzug der Familie, Trennung der Kindeseltern) stattfinden.

   Begründung: Veränderungen im Alltag der Familie, auch positive und erwünschte, stellen für das Kind ein gewisses Maß an Stress dar. Finden solche Lebensereignisse zusätzlich zur Eingewöhnung statt, ist das Kind vor eine zusätzliche Anpassungsaufgabe gestellt. Das gilt auch schon für eine neue Frisur der Mutter.

4. Sollte das Kind kurz vor oder zum geplanten Zeitpunkt des Eintritts in die Kindertagesstätte erkranken, empfiehlt es sich, die Eingewöhnungsphase zu verschieben, bis das Kind wieder gesund ist und sich von seiner Krankheit erholt hat.

   Begründung: Erkrankungen (auch scheinbar geringfügige, wie z. B. Erkältungen) können das Interesse und die Fähigkeit des Kindes, sich mit der neuen Umgebung auseinander zu setzen, erheblich beeinträchtigen.

5. Während der ersten vier bis sechs Wochen des Besuchs des Kindes in der Kindertagesstätte sollte Mutter oder Vater grundsätzlich für die Eingewöh-

nung des Kindes zur Verfügung stehen. Einer von ihnen sollte in dieser Zeit möglichst zu Hause erreichbar und noch nicht wieder berufstätig sein.

Begründung: Auch wenn die Anwesenheit von Vater oder Mutter in der Kindertagesstätte nur für ein bis drei Wochen notwendig ist, besteht grundsätzlich die Möglichkeit, dass sich das Kind in einer besonderen Stresssituation von der Erzieherin noch nicht trösten lässt und nach der vertrauten elterlichen Bindungsperson verlangt. Ein solches Verhalten lässt sich auch innerhalb der Familie beobachten, etwa wenn das Kind krank ist und dann nur noch von der Mutter und nicht mehr vom Vater getröstet werden kann (oder umgekehrt).

6. Die Eltern sollten ihren Urlaub so planen, dass ihr Kind nicht während oder kurz nach der Eingewöhnungszeit wieder aus der Gruppe genommen werden muss. Zwar müsste nach der Wiederkehr aus dem Urlaub nicht von vorn angefangen werden, aber dieser zweimalige Ansatz könnte für das Kind mit zusätzlichen Belastungen verbunden sein. Auf jeden Fall sollte ein Elternteil in einem solchen Fall das Kind zunächst wieder in die Kindertagesstätte begleiten, bis Klarheit über seine Reaktionen besteht.

7. Falls das Kind besondere Schwierigkeiten hat, sich von einem der beiden Eltern zu trennen, könnte es sinnvoll sein, dass der andere Elternteil das Kind in der Eingewöhnungszeit begleitet.

   Begründung: Die Kinder entwickeln sehr früh unterschiedliche Verhaltensweisen gegenüber Vater oder Mutter. Es ist deshalb durchaus möglich, dass sich ein Kind in Begleitung des Vaters leichter in die neue Umgebung eingewöhnt als mit seiner Mutter (oder umgekehrt).

8. Die Eltern erleichtern ihrem Kind den täglichen »Einstieg« in seine Gruppe, wenn sie zunächst immer zur gleichen Zeit, d.h. in die gleiche Situation mit ihm in die Kindergruppe kommen. Nach einigen Tagen sollte dann eine Anpassung an die späteren Bringezeiten erfolgen.

   Begründung: Durch dieses Vorgehen soll es dem Kind ermöglicht werden, Erwartungen bezüglich der Situation, in die es kommt, aufzubauen. Es gewinnt dadurch leichter das Gefühl der Vertrautheit mit der neuen Umgebung, als wenn es unvorhersehbar in die Frühstücks-, Spiel-, Wickel- oder Aufräumsituation kommt.

9. Vertraute Gegenstände, die von zu Hause in die Kindertagesstätte mitgebracht werden (z.B. Schmusetuch, Kuscheltier o.Ä.), können für das Kind z.B. während der Trennungsepisoden und beim Einschlafen in der noch unvertrauten Umgebung sehr hilfreich sein.[39]

10. Zumindest während der ersten sechs bis acht Wochen sollte das Kind, wo immer möglich, nur halbtags die Kindertagesstätte besuchen, auch wenn später eine ganztägige Betreuung vorgesehen ist.

   Begründung: Wir müssen davon ausgehen, dass die ersten Wochen des Aufenthalts in der Kindereinrichtung für das Kind auch unter günstigen Bedingungen eine Zeit des intensiven Lernens und der Anpassung unter Anspannung aller seiner Kräfte bedeuten. Es ist eine Erleichterung für das Kind, wenn es diese Leistungen nur für die Dauer eines halben Tages erbringen muss. Diese Auffassung wird gestützt durch Untersuchungen, die auf

---

[39] *Trommelini, P., Cantarelli, C. & Malaguzzi, L.: Übergangsobjekte in der Familie und in der Krippe. Hrsg.: Bezirksamt Schöneberg von Berlin. Berlin 1987.*

eine höhere Belastung von Kindern durch eine Ganztagsbetreuung hinweisen,[34] und durch die Erfahrung von Erzieherinnen, dass Kinder anfangs den Vormittag gut »durchhalten«, jedoch in der zweiten Tageshälfte deutlich »abbauen«.

11. Auch wenn die Eltern ihrem Kind den Übergang in die Kindertagesstätte in der hier beschriebenen Weise erleichtern, sollten sie damit rechnen, dass die Vielfalt der neuen Eindrücke ihr Kind während der ersten Wochen in der neuen Umgebung schneller als gewohnt ermüden lassen. Sie sollten bei der weiteren Planung des Tages darauf achten, dass es sich ausruhen kann.

12. Eltern sollten sich während der ersten Tage der Eingewöhnungszeit nicht vom Interesse ihrer Kinder an der neuen Umgebung und ihrem lebhaften Verhalten zu der Annahme verleiten lassen, ihre Anwesenheit sei schon jetzt entbehrlich. Die Selbstsicherheit der Kinder bei der Erkundung der neuen Umgebung gründet sich gerade auf ihre Anwesenheit und in den meisten Fällen würde es damit schnell vorbei sein, wenn sie sich ohne Begleitung in der Kindertagesstätte aufhalten müssten. Auch bei den Kindern, die sich beim Weggang der Eltern scheinbar unbeeindruckt zeigen, lassen sich etwa durch Pulsfrequenzmessungen und die Messung der hormonalen Stressreaktionen deutliche Belastungssymptome nachweisen, wenn sie allzu früh in unvertrauten Umgebungen allein zurückgelassen werden.

34 *Schwartz, P.: Length of day-care attendance and attachment behavior in eighteen-months-old infants. Child Development 54 (1983). S. 1073–1078.*

Die Fragen des Anfangs – Mutter/Vater zur Erzieherin

- Wird sie mein Kind mögen und verstehen?
- Kann ich von meinen Ängsten sprechen,
  von meinen Zweifeln,
  vielleicht auch meinem Misstrauen?
- Wird sie mein Kind an sich reißen?
- Wird sie in Konkurrenz zu mir treten?

4. Die vorläufige Entscheidung über die Dauer der von den Eltern begleiteten Eingewöhnungszeit

Die Eingewöhnung in Begleitung eines Elternteils kann, je nach Verhalten des Kindes individuell unterschiedlich, zwischen ein und zwei Wochen, im Einzelfall auch mal drei Wochen dauern. In Orientierung am Kindverhalten empfiehlt die Erzieherin den Eltern, ihr Kind über eine kürzere oder längere Zeit zu Beginn seines Aufenthalts in der Kindertagesstätte zu begleiten. Sie orientiert sich dabei vor allem am Verhalten des Kindes gegenüber seiner Mutter bzw. seinem Vater während der Grundphase der Eingewöhnung und in der ersten Trennungssituation am vierten Tag seines Besuchs der Kindertagesstätte.

Der nachfolgend beschriebene Eingewöhnungsverlauf ist notwendigerweise schematisch und kein fertiges Rezept, das auf jedes Kind passt. In der konkreten Eingewöhnungssituation in der Kindertagesstätte muss für jedes einzelne Kind, Schritt für Schritt, entschieden werden, wie die Eingewöhnung gestaltet werden soll, wobei diese Entscheidungen korrigiert werden müssen, wenn das Kind sich anders verhält, als es zunächst zu erwarten war.

So kann es durchaus vorkommen, dass ein Kind, das als ein Kandidat für eine kürzere Eingewöhnungszeit erschien, am fünften oder sechsten Tag plötzlich Anzeichen von Verstörung und Überforderung zeigt, wenn seine Eltern nun für eine längere Zeit abwesend sind. Wenn die Erzieherin das Kind dann nicht sicher und dauerhaft beruhigen kann, muss die ursprüngliche Entscheidung zugunsten einer längeren begleiteten Eingewöhnungszeit korrigiert werden.

Die schematische Darstellung des Eingewöhnungsverlaufs soll und kann jedoch die Aufmerksamkeit der Erzieherin auf typische Verhaltensweisen des Kindes lenken, die für die (vorläufige) Entscheidung über die angemessene Dauer der begleiteten Eingewöhnungszeit von Bedeutung sind und kann die Entscheidungsfindung anleiten. Eine Beschreibung von Verhaltensweisen der Kinder in den ersten drei Tagen ihres Besuchs der Kindertagesstätte und während der ersten Trennungssituation, die in diesem Zusammenhang bedeutsam sind, befindet sich in Kapitel 6.

5. Die Grundphase der Eingewöhnung

Die Grundphase dauert drei Tage. In dieser Zeit bleiben die Kinder mit dem begleitenden Elternteil ein oder zwei Stunden täglich im Gruppenraum. Die Anwesenheitszeiten werden in Orientierung am Tagesablauf der Kindergruppe mit der Erzieherin vereinbart.

1. Während der ersten drei Tage sollte die Bindungsperson den Gruppenraum nicht ohne das Kind verlassen. Für das Kind ist es wichtig, in der Zeit der ersten Kontaktaufnahme zur neuen Umgebung durchgängig die Sicherheit zu haben, bei Vater oder Mutter Zuflucht und Unterstützung suchen

zu können und die schwierige Situation nicht allein meistern zu müssen. In diesen ersten Tagen erlangt das Kind eine gewisse Vertrautheit mit der neuen Umgebung, der bislang noch fremden Erzieherin und den anderen Kindern.

Begründung: Die Kinder aus der Berliner Studie fehlten in den ersten sieben Monaten ihres Krippenbesuchs durchschnittlich viermal länger wegen Erkrankung, wenn die Eltern in den ersten drei Tagen der Eingewöhnung schon Trennungsversuche unternommen hatten. Drei Tage scheint die minimale Zeit zu sein, die ein Kind zum Aufbau einer Grundbeziehung zur Erzieherin benötigt. [15]

2. Vom ersten Tag an sollte die Erzieherin jedes Mal Eltern und Kind ausdrücklich begrüßen und freundlich willkommen heißen.

   Begründung: Neben den Geboten professioneller Höflichkeit verlangt auch die Pädagogik der Eingewöhnung ein derartiges Verhalten. Dem Kind wird es dadurch erleichtert, eine bestimmte Erwartungshaltung bezüglich der Ankunft in der Kindertagesstätte zu entwickeln. Die Begrüßung der Eltern erleichtert es jedoch auch ihnen, die Betreuung ihres Kindes in der Tagesstätte zu akzeptieren und positiv zu bewerten. Schließlich ist eine freundliche Begrüßung eine Einladung zu freundlichen Reaktionen durch die Eltern, auf die das Kind mit Entspannung reagieren wird.

3. Während ihres Aufenthalts im Gruppenraum mit ihrem Kind sollten die Eltern sich in eine stille Ecke

---

[15] *Fleener, D. E.: Experimental production of infantmaternal attachment behavior. Paper presented at the annual meeting of the American Psychological Association. Montreal 1973. Zitiert nach M. D. S. Ainsworth, M. C. Blehar, E. Waters, & S. N. Wall: Patterns of attachment: A psychological study of the strange situation. Hillsdale, NJ: Erlbaum, 1978. S. 273.*

des Raumes setzen und sich grundsätzlich passiv verhalten. Sie sollten immer auf das Kind, insbesondere auf seine Annäherung, Blickkontakte u.ä. positiv reagieren, jedoch keine Initiativen von sich aus ergreifen, um mit dem Kind Kontakt aufzunehmen. Ihr Verhalten könnte man mit dem eines teilnehmenden Beobachters vielleicht am besten beschreiben.[28]

Sie sollten aufmerksam gegenüber dem Tun und Lassen ihres Kindes sein, und, wenn sie es aushalten, nicht lesen, stricken oder mit anderen Kindern spielen.

Begründung: Die Aufgabe der Eltern in der Eingewöhnungssituation ist es, eine »sichere Basis« für ihr Kind bei dessen Erkundung der neuen Umgebung zu sein. Dazu gehört, dass sie nicht nur körperlich anwesend, sondern auch psychisch offen und zugänglich für ihr Kind sind. Kinder, die sich in einige Entfernung von Vater oder Mutter gewagt haben, vergewissern sich häufig durch schnelle Blicke, ob sie in dieser Situation noch die Aufmerksamkeit ihrer Eltern haben. Ist das nicht der Fall, verhalten sie sich ängstlicher und suchen stärker die Nähe der Eltern.[36]

Die aktive Erkundung der neuen Umgebung durch das Kind ist die Grundlage des Eingewöhnungsprozesses und sollte nicht durch eigene Aktivitäten der Eltern in Richtung auf ihr Kind behindert werden. Die Eingewöhnungszeit ist deshalb

---

28 *Mantovani, S.: Family and creche: emotional continuity as a condition for development and learning. Vortrag, gehalten auf dem internationalen Symposium: Modelle der Kleinstkind-Pädagogik in Familie und Gesellschaft. Berlin, Juni 1984. (Das Kitaberaterteam Kreuzberg hat eine gekürzte Fassung des Vortrags ins Deutsche übersetzt.)*

36 *Sorce, J. F. & Emde, R. N.: Mother's presence is not enough: effect of emotional availability on infant exploration. Developmental Psychology, 17 (1981). S. 737–745.*

die falsche Gelegenheit, eine gute Beziehung zwischen Kind und Elternteil zu demonstrieren, indem Schmusespiele veranstaltet werden oder die Eltern als Alleinunterhalter ihrer Kinder auftreten. Die erfahrene Erzieherin weiß um die Bindung des Kindes an seine Eltern und muss nicht erst von ihrer Existenz überzeugt werden.

4. Eltern sollten ihre Kinder in der Eingewöhnungszeit niemals drängen, sich von ihnen zu entfernen. Vor allem dann, wenn das Kind aktiv Körperkontakt zu ihnen sucht, sollten sie es nicht zurückweisen oder den Versuch machen, den Körperkontakt von sich aus zu beenden.

   Begründung: Die Rolle der Eltern als »sichere Basis« verlangt es, die körperliche Annäherung des Kindes zu akzeptieren und die Dauer des Kontaktes völlig dem Kind zu überlassen. Die Eltern können darauf vertrauen, dass sich das Kind der Umgebung von selbst wieder zuwenden wird, wenn es sich wieder sicher fühlt.[24] Ein Versuch von Eltern, in einer solchen Situation auf mehr Selbstständigkeit des Kindes zu bestehen, würde in den meisten Fällen einen genau gegenteiligen Effekt haben, den Widerstand des Kindes hervorrufen und den Sinn des Eingewöhnungskonzepts in Frage stellen.

5.1
Der erste Tag

1. Das Kind soll die Gelegenheit haben, sich mit der neuen Umgebung vertraut zu machen. Es ist wichtig, dass es seine Spiel- und Erkundungsaktivitäten frei bestimmen kann, und dass es zu keinem bestimmten Verhalten gedrängt wird.

---

24 *Laewen, H.-J.: Zwischen Sicherheit und Neugier. Spielen und Lernen 3 (1988). S. 22–25.*

2. An diesem Tag liegt der Hauptakzent auf der Spielsituation. Das Kind wird von Vater oder Mutter weder gefüttert noch gewickelt.

3. Die Erzieherin reagiert auf Kontaktversuche (Blickkontakt, Anlächeln, Spielzeug entgegennehmen oder anbieten, etc.), die jedes Kind früher oder später unternehmen wird. Sie darf diese Kontaktangebote keinesfalls übersehen, wenn sie das Kind nicht entmutigen und zum Rückzug veranlassen will. Die Erzieherin nimmt jedoch von sich aus noch keinen Körperkontakt zum Kind auf. Sie kann entspannt und ohne Druck kleine spielerische Interaktionen initiieren.

   Begründung: Der Aufbau einer Bindungsbeziehung hängt immer mit dem Aufbau eines »persönlichen« Verständigungssystems zusammen, der vom Kind durch die genannten Signale eingeleitet wird. Es liegen aus Video-Dokumentationen von Eingewöhnungsverläufen Anhaltspunkte dafür vor, dass ein häufiges Übersehen der Kontakt-Signale des Kindes durch die Erzieherin zum Scheitern des Beziehungsaufbaus und damit der Eingewöhnung führen kann.

4. Eine Hauptaufgabe der Erzieherin ist es, durch Beobachtung die ganz persönliche Art der Interaktion zwischen Elternteil und Kind kennen zu lernen. Diese Kenntnisse können als Basis für eine mehr spezifische Kontaktaufnahme in den nächsten Tagen dienen und den Aufbau einer Vertrauensbeziehung zwischen Erzieherin und Kind erleichtern. Ebenso wichtig ist die Beobachtung des Kindes, um Anhaltspunkte für die Entscheidung über eine kürzere oder längere Eingewöhnungszeit zu gewinnen (vgl. Kapitel 4).

5. Der begleitende Elternteil sollte im Beisein des Kindes in freundlichem Ton mit der Erzieherin sprechen.

   Begründung: Das Kind orientiert sich in seiner Bewertung der Situation am Verhalten der Mutter bzw. des Vaters. Freundliches Verhalten der Eltern gegenüber der Erzieherin erleichtert dem Kind die Kontaktaufnahme zu ihr. [14/23]

6. Ein günstiger Weg für die Erzieherin, mit dem Kind in Kontakt zu treten, sind kleine Spielangebote. Sie kann durch Beobachtung des Kindes herausfinden, woran es aktuell interessiert ist und entweder vorsichtig versuchen, sich an einem Spiel des Kindes zu beteiligen, etwas Ähnliches parallel spielen oder einem Kind, das gerade auf der Suche nach einem neuen Spiel ist, etwas anbieten, von dem sie gesehen hat, dass sich das Kind dafür interessiert hat. Sie sollte dabei darauf achten, dem Kind nicht zu nahe zu kommen und sich nicht zwischen das Kind und seine »sichere Basis« zu stellen.

   Wenn das Kind ängstlich reagiert, kann die Erzieherin die Mutter oder den Vater des Kindes bitten, sich dicht neben das Kind auf den Boden zu setzen, während sie weiter versucht, »Spielkontakt« herzustellen.

   Begründung: Das gemeinsame Spiel im Beisein eines Elternteils lässt das Kind leichter Zutrauen zu der zunächst fremden Erzieherin fassen, wenn diese sich freundlich und responsiv (d.h. die Signale des Kindes wahrnehmend und antwortend) verhält

---

14 *Feiring, C., Lewis, M. & Starr, M. D.: Indirect effects and infants' reaction to strangers. Developmental Psychology, 20 (1984). S. 485–491.*

23 *Klinnert, M. D., Emde, R. N. & Butterfield, P., Campos, J. J.: Social referencing: The infant's use of emotional signals from a friendly adult with mother present. Developmental Psychology, 22 (1986). S. 427–432.*

und nicht drängt.[9] Wenn die Erzieherin dem Kind zu nahe kommt (und was zu nahe ist, kann von Kind zu Kind unterschiedlich sein), wird das Kind eine größere Nähe zur »sicheren Basis« suchen oder, falls es den direkten Weg dorthin durch die Fremde versperrt sieht, sich in unmittelbare Nähe seiner Mutter oder seines Vaters flüchten.

5.2 Der zweite Tag

1. In der Regel beginnt dieser Tag wieder mit einer Spielsituation. Die Erzieherin setzt dabei ihre behutsamen Annäherungen an das Kind fort und ist weiterhin darauf bedacht, Kontaktversuche des Kindes wahrzunehmen und zu beantworten.

2. Heute beginnt der begleitende Elternteil damit, das Kind in der Kindertagesstätte zu füttern und zu wickeln, besteht aber nicht darauf, dass das Kind die ihm angebotene Nahrung (auf)isst. Zum Wickeln sollte der übliche Wickelplatz benutzt werden, an dem das Kind später auch von der Erzieherin versorgt werden wird.

   Begründung: Durch das Füttern und Wickeln ermöglichen die Eltern dem Kind die Erfahrung, dass die von zu Hause vertrauten Aktivitäten in der Kindertagesstätte ebenfalls durchgeführt werden.

3. An beiden Pflegesituationen sollte sich die Erzieherin beteiligen, indem sie im Blickfeld des Kindes zuschaut und eventuell mit Elternteil und Kind spricht. Ihre Rolle in der Kindergruppe demonstriert die Erzieherin, indem sie die jeweilige Situation vorbereitet, die Eltern bei der Durchführung

9 *Bretherton, I.: Making friends with one-year-olds: An experimental study of infantstranger interaction. Merrill-Palmer Quarterly 24 (1978). S. 29–51.*

unterstützt und z.B. beim Füttern das Essen, das Lätzchen und den Löffel, beim Wickeln die benötigten Pflegeutensilien bereitlegt. Die Erzieherin wickelt und füttert das Kind noch nicht selbst.

Begründung: Die Erzieherin kann diese Situationen nutzen, um etwas über die individuellen Rituale zwischen Vater oder Mutter und Kind zu erfahren, um sich später, wenn sie selbst das Kind zum ersten Mal wickelt, daran orientieren zu können. Dadurch, dass sie sich im Blickfeld des Kindes hält, lernt das Kind, die Erzieherin mit diesen Aktivitäten in Verbindung zu bringen.

5.3 Der dritte Tag

1. Der Ablauf des dritten Eingewöhnungstages ist weitgehend identisch mit dem des zweiten Tages. Durch die Wiederholung in Inhalt und Abfolge der Situationen soll eine gewisse Stabilität für das Kind erreicht werden. Das Kind soll Gelegenheit erhalten, erste Erwartungshaltungen bezüglich seines Aufenthaltes in der Kindertagesstätte aufzubauen.

2. Nach der Begrüßung von Eltern und Kind setzt die Erzieherin in der Spielsituation die begonnene Kontaktaufnahme fort.

3. An den Pflegesituationen nimmt die Erzieherin auch heute beobachtend und unterstützend teil. Ihre Anwesenheit hilft dem Kind, sie mit diesen typischen Situationen in Verbindung zu bringen und bereitet die Übernahme von Wickeln und Füttern durch die Erzieherin vor. Sprechen zum Kind unterstützt diesen Prozess.

4. Wie an den Vortagen auch beobachtet die Erzieherin sorgfältig, in welcher Weise sich das Kind auf

den begleitenden Elternteil als einer sicheren Basis bezieht, um eine begründete, wenn auch vorläufige Entscheidung über die Dauer der Eingewöhnungszeit treffen zu können.

6. Der vierte Tag

Am vierten Tag fällt eine vorläufige Entscheidung über eine kürzere oder längere von den Eltern begleitete Eingewöhnungszeit. Gleich nach der Ankunft des Kindes wartet seine Mutter oder sein Vater ab, bis sich das Kind von ihr bzw. ihm ab und der neuen Situation zugewandt hat, z. B. irgendeinem Spielzeug, einem anderen Kind oder der Erzieherin.

Sie oder er geht dann zum Kind, verabschiedet sich kurz und verlässt den Raum, auch wenn das Kind protestiert, bleibt jedoch in der Nähe der Tür. Jetzt sind zwei verschiedene Reaktionen des Kindes denkbar:

1. Das Kind protestiert bereits bei der Verabschiedung oder während Mutter oder Vater zur Tür geht, folgt nach, will aufgenommen werden, ruft, klopft an die Tür, bleibt bei der Tür, beginnt zu weinen.

   Es kann auch sein, dass das Kind zunächst kaum reagiert, nach einiger Zeit jedoch ohne sichtbaren Anlass zu weinen beginnt, sich vielleicht auch zur Tür hin bewegt. Es mag auch geschehen, dass das Kind in angespannter Körperhaltung verharrt, nicht mehr spielt, sich kaum bewegt, sich von der

Erzieherin nicht ansprechen oder anrühren lässt. Wenn es zu weinen beginnt, lässt es sich von der Erzieherin nicht oder nur für kurze Zeit trösten.

2. Das Kind zeigt nur eine geringe oder keine Reaktion, wenn Vater oder Mutter den Raum verlassen, folgt ihnen vielleicht mit den Augen, spielt dann aber weiter, ohne seine Aktivität spürbar einzuschränken, bleibt ansprechbar, ist weiter interessiert an den anderen Kindern und den Dingen im Raum. Falls es protestiert oder zu weinen beginnt, lässt es sich von der Erzieherin dauerhaft beruhigen.

Wenn das Kind wie unter 1. beschrieben reagiert, kehrt der begleitende Elternteil in den Raum zurück, nachdem die Erzieherin versucht hat, das Kind zu beruhigen.

Im Falle einer Reaktion des Kindes, wie sie unter 2. beschrieben ist, bleibt Vater oder Mutter für ca. dreißig Minuten fort und kehrt dann in den Raum zurück.

Unter Berücksichtigung des Verhaltens des Kindes in den ersten drei Tagen und in dieser Trennungssituation kann nun eine vorläufige Entscheidung über eine kürzere oder längere Begleitung des Kindes durch seine Eltern getroffen werden.

Wie verhalten sich Kinder, die voraussichtlich eine längere Eingewöhnungszeit von etwa zwei Wochen benötigen?

Sie sind in den ersten Tagen häufig in guter Stimmung, manchmal aber auch ängstlich oder wachsam, und sind zurückhaltend gegenüber der Erzieherin, insgesamt deutlich auf Mutter oder Vater hin orientiert. Sie suchen und halten Blickkontakt zu ihr oder ihm. Wenn sie irritiert sind, wenden sie sich offen und ohne Umschweife Mutter oder Vater zu, beruhigen sich ggf. rasch in ihrer Nähe. Auch während ihrer Erkundung des Raumes suchen diese Kinder häufig den Blick von Mutter oder Vater und suchen von Zeit zu Zeit ihre Nähe, wollen kurz aufgenommen werden oder berühren sie.

Diese Gruppe von Kindern reagiert oft (aber nicht immer) deutlich auf die erste Trennung von den Eltern (Nachfolgen zur Tür, Rufen, Weinen, häufig verringerte Spielaktivität). Wenn die Eltern den Raum nach der Trennung wieder betreten, werden sie von diesen Kindern immer begrüßt, z. B. angesprochen oder angelächelt, eventuell sucht das Kind ihre Nähe bzw. direkt und ohne Umwege Körperkontakt zu ihnen. War es verstört, beruhigt es sich rasch im Körperkontakt zu Mutter oder Vater. Das Kind wirkt erleichtert, wenn Mutter oder Vater in den Raum zurückkehren.

Auch wenn das Kind nicht auffällig reagiert hat, als Mutter oder Vater den Raum verließ, aber bei der Wiederkehr des Elternteils diesen durch Blickkontakt, Anlächeln oder offenes Aufsuchen seiner Nähe deutlich begrüßt, ist dies ein wichtiges Indiz für eine längere Eingewöhnungszeit.

Wie verhalten sich Kinder, für die eine kürzere Eingewöhnungszeit von etwa sechs Tagen voraussichtlich die bessere Lösung ist?

Es sind dies Kinder, die in den ersten Tagen eher selbstständig wirken, den Blickkontakt zu Mutter oder Vater aber eher vermeiden als suchen, kaum Widerstand gegen Körperkontakt zur Erzieherin zeigen und sich leicht in die neue Umgebung einzufügen scheinen. Insgesamt erscheinen diese Kinder durch die neue Umgebung eher freudig angeregt und deutlich interessiert am Spielzeug. Sie wirken in den ersten Tagen eher aktiv und energisch als zurückhaltend oder ängstlich. Gelegentlich zeigen sie Widerstand gegen Körperkontakt zu Mutter oder Vater. In Problemsituationen versuchen sie, eher selbst damit fertig zu werden und vermeiden es häufig gerade in derartigen Situationen, sich an Mutter oder Vater zu wenden. Wenn es dennoch zu Körperkontakt zu Mutter oder Vater kommt, geschieht dies nicht selten eher versteckt, aus einer abgewandten Position heraus oder der Kontakt wirkt wie zufällig.

Die Trennung von Mutter oder Vater am vierten Tag nehmen sie häufig ohne sichtbare Irritationen hin, folgen vielleicht dem zur Tür gehenden Elternteil mit den Augen, wenden sich dann jedoch wieder ihrer Beschäftigung zu. Sie weinen selten während der Abwesenheit der Eltern und lassen sich, wenn es doch geschieht, in der Regel leicht trösten.

Auch bei der Rückkehr der Eltern bleiben diese Kinder eher gleichmütig, ignorieren sie häufig, wenden sich sogar ab oder entfernen sich. Wenn sie sichtbar auf die Rückkehr von Mutter oder Vater reagieren, so vermeiden sie Blickkontakt eher, als dass sie ihn suchen. Wenn sie sich annähern, tun sie das in der Regel unter Vermeidung von Blickkontakt, gelegentlich mit abgewandtem Gesicht, halten nur kurz Kontakt zu Mutter oder Vater oder brechen die Annäherung kurz vor Erreichen des Elternteils ab. Nicht selten greifen sie eher nach einem vertrauten Gegenstand (etwa der Nuckelflasche), als dass sie Körperkontakt zu Mutter oder Vater suchen.

Zu der Gruppe der Kinder, für die eine begleitete Eingewöhnungszeit von etwa sechs Tagen ebenfalls die bessere Lösung zu sein scheint, gehören auch die Kinder, die in der Trennungssituation gegen den Weggang von Mutter oder Vater protestieren und bei ihrer Rückkehr ihre Nähe suchen, sich im Körperkontakt aber nur schwer beruhigen und, wie auch schon in den ersten drei Tagen, eher zwiespältig auf die Anwesenheit der Eltern reagieren. Allerdings wird diese Verhaltensvariante eher selten zu beobachten sein.

Die Entscheidung für eine kurze Eingewöhnungszeit in Begleitung eines Elternteils ist jedoch vorläufig und muss an den folgenden Tagen anhand der weiteren Reaktionen des Kindes auf die Trennung von Vater oder Mutter überprüft werden. Bleibt das Kind bei seinem eher gleichmütigen Verhalten bei der Trennung, sollte es vom siebten oder achten Tag an nach einer kurzen Verabschiedung von seinen Eltern nach dem Bringen allein in der Kindertagesstätte bleiben, wenn irgend möglich jedoch zunächst nur halbtags.

Am vierten Tag werden in beiden Fällen erstmals die Pflegevorgänge, Wickeln und Füttern, in Teilen von der Erzieherin übernommen:

Füttern: Wenn das Kind es akzeptiert, übernimmt es die Erzieherin nach einigen Minuten von Vater oder Mutter und setzt es bei sich auf den Schoß, wobei sie es ihm weiterhin ermöglicht, Blickkontakt zu seiner Bindungsperson zu halten. Wenn das Kind den Körperkontakt zur Erzieherin noch ablehnt und sich dagegen wehrt, lässt sie es weiterhin auf dem Schoß von Vater oder Mutter sitzen und versucht, es dort zu füttern. Akzeptiert das Kind auch diese Form nicht, wird der Versuch abgebrochen und am nächsten Tag wiederholt.

Wickeln: Während die Mutter oder der Vater das Kind wickelt, steht die Erzieherin wieder neben ihr oder ihm, und widersteht zunächst (wie an den vorangegangenen Tagen auch) der Versuchung, in die möglicherweise eher unbeholfenen Wickeltechniken der Eltern einzugreifen.

Sie spricht mit dem Kind und reicht ihm eventuell etwas zum Spielen. Nach einer Weile versucht die Erzieherin, das Wickeln des Kindes zu übernehmen. Vater oder Mutter bleibt neben ihr stehen, gibt dem Kind durch seine bzw. ihre Anwesenheit Sicherheit und beruhigt es, falls es sich ängstlich zeigt. Falls das Kind verstört ist und zu weinen beginnt, übernimmt der Vater oder die Mutter wieder das Wickeln. Ein neuer Versuch wird dann erst wieder am nächsten Tag gemacht.

Der weitere Verlauf der Eingewöhnung des Kindes hängt nun davon ab, ob eine kürzere oder eine längere Dauer für das Kind vorteilhaft ist.

7. Die Stabilisierungsphase – Kurze Eingewöhnungszeit

Wenn das Verhalten des Kindes während der ersten vier Tage eine kurze Eingewöhnungszeit nahe legt, macht das Kind von nun an Erfahrungen mit der täglichen zeitweisen Trennung von Vater und Mutter. An jedem der verbleibenden Tage sollte die Bindungsperson des Kindes im Verlauf des Besuchs der Kindertagesstätte für einige Zeit den Gruppenraum verlassen und das Kind so darauf vorbereiten, dass es in naher Zukunft allein in der Kindergruppe bleiben wird. Vater oder Mutter verlässt jedoch die Kita nicht, so dass er bzw. sie für Erzieherin und Kind jederzeit erreichbar ist. Bei allen weiteren Trennungen sollte dann Folgendes beachtet werden:

1. Die Bindungsperson sollte den Gruppenraum dann verlassen, wenn das Kind zufrieden spielt und sich

nicht gerade auf den vertrauten Erwachsenen hin orientiert, um bei ihm Trost oder Sicherheit zu suchen.

2. Es ist sehr wichtig, dass sich die Eltern, wenn sie den Raum verlassen, vom Kind verabschieden. Eltern sollten sich nicht »wegschleichen«, ohne sich vom Kind zu verabschieden: sie setzen damit das Vertrauen des Kindes in die Vorhersehbarkeit ihres Verhaltens auf's Spiel. Bei der ersten Trennung kann der begleitende Elternteil seine Tasche, Jacke oder andere persönliche Gegenstände zurücklassen, um dem Kind so zu demonstrieren, dass er bald zurück kommen wird.

3. Von der Trennung am vierten Tag an sollte der begleitende Elternteil mit Hilfe der Erzieherin ein kurzes Abschiedsritual mit dem Kind einführen, das in Zukunft eingehalten werden sollte.

   Begründung: Amerikanische Untersuchungen zeigen, dass eine kurze Verabschiedung durch die Eltern beim Kind weniger Protest und Unsicherheit hervorruft als längere Abschiedssequenzen. Insbesondere diffuses »Um-das-Kind-Herummachen« vor dem Abschied führt zu negativen Reaktionen beim Kind.[21]

   Jede Erzieherin weiß von Eltern zu berichten, deren Verhalten während der morgendlichen Abschiedssituation darauf abzuzielen scheint, das Kind zum Weinen zu bringen. Ein solches Verhalten sollte nach Möglichkeit von Beginn an vermieden werden. Im Gespräch mit den Eltern sollte hier die Erzieherin oder die Leiterin versuchen, den Eltern zu helfen, die Trennungssituation kurz zu gestalten.

---

21 *Hock, E.: The transition to daycare: Effects of maternal separation anxiety on infant adjustment. In: R. C. Ainslie (Ed.): The child and the day care setting. New York: Praeger Publishers, 1984.*

Der Ablauf des fünften Tages entspricht weitgehend dem des vierten Tages. Wenn das Kind am vorherigen Tag beim Wickeln und Füttern durch die Erzieherin nicht beunruhigt war und die kurze Trennung von der Bindungsperson gut ertragen hat, können drei Erweiterungen eingeführt werden:

1. Die Erzieherin kann heute die gesamte Pflege des Kindes übernehmen, d.h. sie füttert und wickelt das Kind. Vater oder Mutter steht dabei im Blickfeld des Kindes, um dem Kind Sicherheit zu geben und es ggf. trösten zu können. Ansonsten verhält er bzw. sie sich passiv.

2. Die Bindungsperson kann den Gruppenraum heute bereits für längere Zeit verlassen (für ca. eine Stunde). Sie sollte jedoch auch heute die Kindertagesstätte nicht verlassen, um jederzeit in den Gruppenraum zurückkehren zu können, falls das Kind zu weinen beginnt oder einen verstörten Eindruck macht und sich von der Erzieherin nicht trösten lässt.

3. Kinder, die sowohl am vierten als auch am fünften Tag auf die Trennung von ihrer Bindungsperson mit keinem oder mit wenig Stress reagierten und sich gegebenenfalls schnell von der Erzieherin beruhigen ließen, können versuchsweise am fünften Tag von Vater oder Mutter in der Kindertagesstätte schlafen gelegt werden, falls ein Ganztagsaufenthalt dort unmittelbar nach der Eingewöhnungszeit unvermeidlich ist.

   Die Erzieherin sollte auch an dieser Aktivität begleitend teilhaben, um etwas über das ganz spezifische »Schlafensritual« zwischen Bindungsperson und Kind zu erfahren. Diese Kenntnisse bilden dann, ebenso wie in den Spiel- und Pflegesituationen, die Basis für die Übernahme dieser Aktivität durch die Erzieherin.[28]

Die Bindungsperson bleibt in der Kindertagesstätte, während das Kind schläft. Wenn das Kind aufwacht, nehmen Vater oder Mutter, wieder in Begleitung der Erzieherin, das Kind aus dem Bett auf.

7.2 Der sechste Tag

Wir gehen davon aus, dass Kinder, die sich am Ende der ersten Woche von der Erzieherin füttern und wickeln ließen, ohne sich beunruhigt zu zeigen, während der Trennung von der Bindungsperson entweder keine Beunruhigung zeigten oder sich, falls sie mit Weinen oder mit sichtbarer Anspannung reagiert hatten, von der Erzieherin wieder beruhigen ließen und danach wieder aktiv spielten und erkundeten, nach dem sechsten Tag in der Kindertagesstätte in Anwesenheit der Bindungsperson die weitere Eingewöhnungszeit ohne ihre Bindungsperson verbringen können und sollen.

Der sechste Tag verläuft dabei weitgehend wie der vorangegangene Eingewöhnungstag. Wenn es sich dabei um einen Montag handelt, dient er nach dem vorangegangenen Wochenende auch der Stabilisierung der bisherigen Erfahrungen des Kindes in der Kindertagesstätte. Macht das Kind einen ausgeglichenen Eindruck, kann:

1. der Vater oder die Mutter beim Wickeln und Füttern des Kindes durch die Erzieherin heute bereits

[28] *Mantovani, S.: Family and creche: emotional continuity as a condition for development and learning. Vortrag, gehalten auf dem internationalen Symposium: Modelle der Kleinstkind-Pädagogik in Familie und Gesellschaft. Berlin, Juni 1984. (Das Kitaberaterteam Kreuzberg hat eine gekürzte Fassung des Vortrags ins Deutsche übersetzt.)*

eine größere Distanz zum Kind einhalten, sich z. B. im gegenüberliegenden Teil des Gruppenraums oder außerhalb des kindlichen Gesichtskreises aufhalten;

2. das Schlafenlegen des Kindes heute bereits von der Erzieherin übernommen werden. Vater oder Mutter begleitet die Erzieherin und das Kind bei dieser Aktivität, ohne aktiv einzugreifen. Das Gleiche gilt für das Aufstehen des Kindes.

   Wenn das Kind in den vergangenen Tagen bereits eine ausreichende Vertrautheit mit der neuen Umgebung erworben hat, d.h. wenn das Kind:

   - sich auch in Abwesenheit der Eltern interessiert und aktiv mit seiner Umgebung auseinander setzt,
   - sich in Abwesenheit der Eltern in Belastungssituationen, z. B. wenn es hingefallen ist, an die Erzieherin wendet und sich von ihr trösten lässt,

dann ist es nicht länger notwendig, dass die Eltern des Kindes als sichere Basis im Gruppenraum zur Verfügung stehen. Die Erzieherin kann nun für die Dauer des Aufenthalts des Kindes in der Kindertagesstätte diese Funktion übernehmen. Sollte das Kind am sechsten Tag, was insbesondere an einem Montag nicht ungewöhnlich wäre, Unsicherheiten zeigen, kann die Eingewöhnungsdauer im Beisein von Vater oder Mutter um einen Tag verlängert werden.

Man kann nun davon ausgehen, dass das Kind den ersten Schritt zu einer Bindungsbeziehung zur Erzieherin gemacht hat und diese die Funktion einer sicheren Basis für das Kind übernehmen kann. Da das Kind jedoch erst begonnen hat, eine Beziehung zur Erzieherin aufzubauen, und deren Tragfähigkeit möglicherweise noch nicht ausreicht, dem Kind in allen schwierigen Situationen zu helfen, sollten die Eltern für weitere zwei Wochen möglichst zu Hause erreichbar sein, um das Kind im Notfall abholen oder in der Kindertagesstätte beruhigen zu können.

Die Fragen des Anfangs – Erzieherin zum Kind

- Wirst du leicht Zugang zu mir finden?
- Werde ich deine Signale verstehen und herausfinden können, was ganz Besonderes du brauchst?
- Wirst du mit den anderen Kindern zurechtkommen?
- Wirst du dich hier gut einfinden?

8. Die Stabilisierungsphase – Längere Eingewöhnungszeit

8.1 Der fünfte bis achte Tag

Im Verlauf des fünften bis achten Eingewöhnungstages soll versucht werden, die Beziehung zwischen Kind und Erzieherin weiter auszubauen, so dass das Kind es am achten Tag ohne besondere Beunruhigung zulässt, von der Erzieherin, in Anwesenheit von Vater oder Mutter, gewickelt und gefüttert zu werden.

Wenn aus dem Verhalten des Kindes in der Gruppe in den ersten vier Tagen und in der ersten Trennungssituation deutlich geworden ist, dass das Kind auf die Anwesenheit von Vater oder Mutter noch nicht verzichten kann, werden Erzieherin und begleitender Elternteil die Dinge in den folgenden Tagen langsamer angehen lassen.

Die Eltern sollten bis einschließlich zum sechsten Tage keine weiteren Trennungsversuche machen, und die Erzieherin ihre Kontaktangebote an das Kind zwar fortsetzen, aber das Kind nicht drängen, darauf einzugehen. Es ist in diesen Fällen besonders wichtig, die Regulierung von Nähe und Distanz sowohl zu Mutter oder Vater als auch zur Erzieherin dem Kind zu überlassen. Beide können sich dabei darauf verlassen, dass sein Erkundungsinteresse das Kind immer wieder von sich aus Kontakt zur Erzieherin aufnehmen und sich der Umgebung zuwenden lassen wird.

Vom siebten Tag an, wenn das Kind es akzeptiert auch früher, wird die Erzieherin im Beisein von Mutter oder Vater die Pflegeaktivitäten übernehmen. Der begleitende Elternteil wird ab heute den Raum für kurze Zeit verlassen. In beiden Situationen gilt jedoch immer noch, dass die Reaktion des Kindes beachtet werden soll. Falls das Kind während der Trennung vom begleitenden Elternteil am siebten Tag mit Verstörung reagiert und sich von der Erzieherin nicht trösten lässt, sollte das Kind in den nachfolgenden Besuchstagen erst einmal eine größere Sicherheit in der neuen Umgebung gewinnen, bevor ein neuer Trennungsversuch unternommen wird.

Ändert sich aber auch in der dritten Woche nichts an dieser Situation, sollte das Gespräch mit dem begleitenden Elternteil gesucht werden (vgl. Kapitel 8.2).

Wenn das Kind sich in den vorangegangenen Tagen von der Erzieherin wickeln und füttern ließ und während der Trennung von den Eltern entweder nicht beunruhigt war und weiterspielte oder sich von der Erzieherin trösten ließ, kann am neunten Tag versucht werden, das Kind in der Kindertagesstätte schlafen zu legen, wenn eine Ganztagsbetreuung unmittelbar nach Abschluss der Eingewöhnung zwingend notwendig ist. Auch hier übernehmen zunächst die Eltern diese Aktivität, die Erzieherin nimmt beobachtend teil. Insgesamt sollen in der zweiten Eingewöhnungswoche die folgenden Ziele erreicht werden:

1. Es soll erreicht werden, dass die Erzieherin in Anwesenheit einer Bindungsperson des Kindes den überwiegenden Teil der Pflegesituationen bzw. die Pflege insgesamt übernimmt.

2. Es sollte ggf. versucht werden, das Kind auf die Schlafenssituation vorzubereiten.

3. Die Bindungsperson sollte außer wenn das Kind direkt ihre Nähe sucht, alle Aktivitäten mit dem Kind der Erzieherin überlassen.

4. Die Abwesenheitszeit der Eltern sollte stufenweise bis zu einem zunächst halbtägigen Aufenthalt des Kindes gesteigert werden.

   Es ist dabei sehr wichtig, das Kind keinem Zwang auszusetzen. Jedes Kind hat seine ihm eigene Art der Annäherung an die neue Betreuungsumgebung. Sollte das Kind sich bei der Einführung einer neuen Aktivität ängstlich und deutlich verunsichert zeigen, sollte an diesem Tag auf diese Erweiterung verzichtet werden. Grundsätzlich richtet sich der Verlauf der Eingewöhnung am Verhalten des Kindes aus. Auch kleine Schritte der Annäherung führen zum Ziel.

   Für Kinder, die am zehnten Tag die Trennungsphasen von ihren Eltern ohne Beunruhigung verbracht, ggf. sogar schon in der Kindertagesstätte geschlafen haben, dient der elfte Tag der Stabilisierung der bereits gewonnenen Sicherheit in der Kindergruppe und in seiner Beziehung zur Erzieherin. Die Eingewöhnung des Kindes mit der elterlichen Bindungsperson ist für diese Kinder mit diesem Tag abgeschlossen.

   Für Kinder, die sich noch immer in Abwesenheit von Vater oder Mutter ängstlich zeigen und sich von der Erzieherin nicht oder nur schwer beruhigen lassen, wird die Eingewöhnungszeit mit Eltern noch um eine Woche verlängert.

8.2 Die dritte Woche

Insgesamt gilt für die dritte Woche:

1. Im Laufe der dritten Woche bleiben in der Regel auch die Kinder, die bislang noch stärker als andere auf die Anwesenheit der Eltern angewiesen waren, überwiegend allein in der Kindergruppe.

2. Die Pflege des Kindes wird vollständig von der Erzieherin übernommen.

3. Wenn das Kind bei der Trennung von der elterlichen Bindungsperson immer noch protestiert, sich aber von der Erzieherin beruhigen lässt, ist dies ein Zeichen dafür, dass es trotz Trennungsschmerz beim Weggang der Eltern damit begonnen hat, die Erzieherin als »sichere Basis« in der Kindertagesstätte zu akzeptieren.

   Wenn auch am Ende der dritte Woche das Kind noch nicht bereit scheint, ohne Mutter oder Vater in der Kindergruppe zu bleiben, sollte in einem Gespräch mit den Eltern abgeklärt werden, ob sie selbst überhaupt bereit sind, eine Anpassung ihres Kindes an die neue Umgebung zu akzeptieren, oder ob z. B. starke Trennungsängste und Vorbehalte der Eltern diese Anpassung des Kindes nicht eher behindern.

   In diesem Fall sollte versucht werden, mit den Eltern gemeinsam einen Weg zu finden, das Kind zu Hause zu behalten, oder ein Betreuungsarrangement zu finden, das von den Eltern akzeptiert werden kann. Oft mag jedoch auch schon das Gespräch den Eltern helfen, sich verstanden und sicherer zu fühlen und auf dieser neuen Basis ihr Kind »freizugeben«. Uns liegen mehrere Aussagen von Erzieherinnen und Leiterinnen vor, die über ein spontanes Verschwinden der Schwierigkeiten des Kindes am Tage nach einem solchen Gespräch mit den Eltern berichten.

9. Die Schlussphase

Die Schlussphase der Eingewöhnung besteht in einer Art von Bereitschaftsdienst der Eltern in der Nähe eines Telefons, um ggf. in die Kindertagesstätte gerufen werden zu können. Es kann durchaus vorkommen, dass das Kind in besonderen Fällen, z. B. wenn es in schlechter Verfassung ist, sich wehtut oder erschrickt, auf der Anwesenheit der Person besteht, zu der es die intensivste Beziehung hat. Auch in der Familie kann es vorkommen, dass das Kind in solchen Fällen nicht einmal den Vater akzeptiert, sondern nach der Mutter verlangt. Die neue Beziehung zur Erzieherin mag für derartige Fälle noch nicht gefestigt genug sein. Wir schlagen eine Dauer der Schlussphase von zwei Wochen vor.

10. Erfahrungen aus der Praxis

1. Einige Eltern, die zunächst durchaus bereit waren, ihre Kinder in den ersten Tagen zu begleiten, wollten die Begleitung abbrechen, weil sie keine Schwierigkeiten ihrer Kinder erkennen konnten.

Hier ist es manchmal nicht leicht, die Eltern davon zu überzeugen, dass die gute Stimmung ihrer Kinder direkt mit ihrer Anwesenheit zusammenhängt. Unsere Empfehlung: Hartnäckig bleiben! Gelegentlich half der Hinweis darauf, dass Fehler, die während der Eingewöhnungszeit gemacht werden, zu gehäuften Fehlzeiten des Kindes wegen Erkrankung im ersten Jahr seines Besuchs der Einrichtung führen können.

2. Kinder können während der Eingewöhnungszeit auch bei Begleitung durch die Eltern erkranken. Die Art der Eingewöhnung hat nach unseren Untersuchungsergebnissen kaum Einfluss auf die Erkrankungshäufigkeit während der ersten vier Wochen des Kita-Besuchs. Die Unterschiede in der Erkrankungshäufigkeit wurden erst auf längere Sicht, d.h. im Verlauf der ersten sieben Monate nach Eintritt in die Kindereinrichtung, sichtbar.

   Wenn Kinder während der Eingewöhnungszeit erkranken, hängen die Probleme bei ihrer Rückkehr in die Kindertagesstätte offenbar sehr davon ab, wielange die Eingewöhnungszeit bereits angedauert hat. Dauerte sie zwei Wochen und länger, konnten sich die meisten Kinder relativ schnell und unproblematisch auf die bereits begonnene Beziehung zur Erzieherin wieder einlassen. Bei wesentlich kürzeren Zeiten (d.h. nach bisherigen Erfahrungen eine Woche oder kürzer) ähnelte die Rückkehr des Kindes in die Gruppe häufig eher einem Neubeginn.

   In jedem Fall sollte, wo immer das möglich ist, (siehe auch Teil 2, Kapitel 3.4) nach einer Unterbrechung der Eingewöhnungszeit durch Krankheit des Kindes ein Elternteil das Kind zunächst wieder begleiten. Hier muss dann die Erzieherin einschätzen, wielange eine solche Begleitung notwendig ist.

Die Dauer wird dabei sicherlich auch von der Schwere der Erkrankung abhängen (hier sollte besonders darauf geachtet werden, ob ein Krankenhausaufenthalt notwendig war).

Erkrankt ein Kind nach einer Woche Eingewöhnungszeit und muss (in einem uns berichteten Fall wegen einer schweren Bronchitis) ins Krankenhaus, kommt dann nach vier Wochen wieder in die Kindertagesstätte, wo dann »seine« Erzieherin gerade wegen Krankheit fehlt, ist ein Neubeginn die vermutlich einzige Alternative.

3. Erkrankung der eingewöhnenden Erzieherin ist wohl der schwierigste Fall, der eintreten kann. Hier sollte sicher (in Abhängigkeit von der bereits zurückgelegten Eingewöhnungszeit des Kindes) für jedes Kind geprüft werden, ob die Eltern es für die Dauer der Erkrankung wieder begleiten bzw. es zu Hause betreuen können, oder ob eine erneute (vermutlich kürzere Eingewöhnung) mit einer anderen Erzieherin in Frage kommt (in diesem Fall am besten eine, die das Kind schon ein wenig kennt). Besteht keine dieser Möglichkeiten, muss mit heftigen Reaktionen eines Teils der Kinder gerechnet werden.

Eine Belastung, die eine kindgerechte Eingewöhnung zumindest außerordentlich erschwert, ist in einer Reihe von Einrichtungen dadurch aufgetreten, dass zwar nicht die eingewöhnenden Erzieherinnen, sondern Kolleginnen wegen Erkrankung fehlten, so dass ihre Gruppen durch Erzieherinnen mit Kindern in der Eingewöhnung mitbetreut werden mussten. Dies ist eine Situation, die unbedingt vermieden werden sollte, und in der sich eine unzulängliche Personalausstattung der Kindertagesstätten sehr nachteilig für die Kinder bemerkbar macht.

4. Wenn die Kinder bei Aufnahme in die Kindertagesstätte zwei Jahre und älter sind, muss mit Verhaltensweisen gerechnet werden, die sich von denen der jüngeren Kindern unterscheiden. Das hängt u.a. mit den raschen Fortschritten der Autonomieentwicklung in diesem Alter zusammen.

   Bisher beobachtet wurden: stärkere Eifersucht bei den älteren Kindern in ihrer Beziehung zur Erzieherin, stärkeres Interesse an anderen Räumen und eine stärkere Angewiesenheit auf für sie interessante Angebote (sie langweilen sich schneller, was die Eingewöhnung erschweren kann). Die älteren Kinder zeigen auch eine höhere soziale Kompetenz im Umgang mit dem begleitenden Elternteil, so dass es gelegentlich schwer ist, z.B. zwischen Bindungsverhalten und »strategischem« Verhalten des Kindes zu unterscheiden.

   Die bisher vorliegenden Erfahrungen bestätigen jedoch die Erwartung, dass auch für die älteren Kinder eine durch einen Elternteil begleitete Eingewöhnungszeit sehr wichtig ist.

5. Die Beschränkung der Verweildauer der Kinder in der Einrichtung in den ersten Wochen auf den halben Tag sollte unbedingt beachtet werden, wo immer das möglich ist. Auch bei den älteren Kindern wurden heftige Reaktionen auf einen ganztägigen Besuch (häufig beim Schlafenlegen) berichtet, die während der ersten Tageshälfte nicht auftraten.

Die Fragen des Anfangs – Erzieherin zu Mutter/Vater

- Wird sie/er mich als Erzieherin ihres/seines Kindes akzeptieren?
- Wird sie/er offen oder verschlossen sein für Gespräche mit mir?
- Empfindet sie/er mich als Konkurrentin oder Partnerin?
- Wie bewertet sie/er meine Art zu arbeiten?

11. Zur Arbeit mit dem Modell

Sollte die Erzieherin jetzt alles genauso machen, wie im Modell beschrieben? Die Antwort auf diese Frage muss ausfallen wie die bekannten Antworten auf Anfragen an das Radio Eriwan: »Im Prinzip ja, aber…« und diesem »aber« kommt eine große Bedeutung zu. Der Grund dafür ist einerseits darin zu suchen, dass kein Modell, kein Plan, keine Vorschrift die Komplexität der Interaktion zwischen Menschen angemessen erfassen kann. Die Erzieherin und alle anderen an der Aufnahme der Kinder beteiligten Personen müssen deshalb die Freiheit haben, sich jederzeit selbst ein Urteil über die Situation zu bilden und entsprechend zu handeln. Das Modell soll deshalb in erster Linie helfen, ein angemessenes Urteil über die Aufnahmesituation und ihre Bedeutung für die Kinder zu gewinnen. Soweit im Modell Aussagen enthalten sind, die das Handeln der Erzieherin, der Leiterin oder der Eltern betreffen, so haben sie den Charakter von Vorschlägen. Sie sollen nicht zu einer Fessel werden, wenn die Erzieherin oder eine andere der beteiligten Personen im jeweils besonderen Fall und vor dem Hintergrund eines grundsätzlichen Verstehens der Situation des Kindes in der Adaptationsphase ein anderes Vorgehen als notwendig erachten.

Die Erfahrungen in der Anwendung des Modells zeigen, dass die Vorschläge sinnvoll sind und zu einer Verbesserung der Aufnahmesituation beitragen. Trotzdem können sie nur ein Gerüst bilden, eine grobe Orientierungsstruktur, die interpretiert werden muss und ergänzungsbedürftig bleibt. Erst durch das verständige und motivierte Handeln der beteiligten Erwachsenen wird dem Kind die lebendige Erfahrung ermöglicht, dass es in dieser kritischen Situation nicht alleingelassen wird, kann es Vertrauen entwickeln zur Erzieherin und sein Vertrauen zu seinen Eltern behalten.

Die eher nüchterne, an Gesichtspunkten der Kenntnisvermittlung orientierte Darstellung des Modells sollte nicht darüber hinwegtäuschen, dass in der Eingewöhnungssituation starke Gefühle wirksam sind:

- die der Mutter oder des Vaters, die, wenn sie sich willkommen und in ihren Anliegen angenommen fühlen und ihr Kind in guten Händen sehen, viel zu einer guten Atmosphäre in der Kindertagesstätte beitragen, wenn sie in Trennungsangst umschlagen, zu einer schweren Belastung werden können,
- die des Kindes, die, je nach dem, ob der Prozess der Eingewöhnung gelingt, ohne das Kind zu überfordern, in tieferes Zutrauen in die Zuwendungsbereitschaft seiner Bezugspersonen und zu einem freudigen Einverständnis mit der Erweiterung seines Erfahrungsraumes führen oder in aschgraue, dumpfe Verzweiflung und Wut münden können, die sich nach einiger Zeit oft genug hinter einer glatten Maske der Anpassung verbirgt,
- die der Erzieherin, die, wenn auch in professioneller Distanz, dem Kind mit Aufmerksamkeit und Empfindsamkeit für seine Signale zugewandt ist, ihrerseits die Beziehung mitträgt, die das Kind ihr anbietet und deshalb Anteil hat am Leben des Kindes, die deshalb verletzlich ist durch das Verhalten der Eltern ihr selbst und dem Kind gegenüber.

Diese Ebene der Gefühle, die auf allen Stufen des Eingewöhnungsprozesses präsent ist und beachtet werden muss, wird in einem vom Berliner Bezirksamt Spandau herausgegebenen Erfahrungsbericht zu dem Modell hervorgehoben und anschaulich gemacht.[4/35] Anni Söntgerath, die Autorin des Textes, hat ihr in Gestalt von Fragen Ausdruck verliehen, die (meist unausgesprochen) am Beginn jeder Eingewöhnung stehen und im Laufe des Adaptationsprozesses beantwortet werden. Mit freundlicher Genehmigung der Autorin sind sie den Kapiteln dieser Broschüre vorangestellt worden.

12. Das Beziehungsdreieck

Der Blick auf die Ebene der Gefühle macht sofort deutlich, dass es sich bei dem Prozess der Eingewöhnung eines Kindes in der Kindertagesstätte nicht allein um die aktive Anpassung des Kindes an die neue Umgebung und den Aufbau einer Bindungsbeziehung zur Erzieherin, sondern darüber hinaus um die Konstruktion eines Beziehungsdreiecks handelt.

Da es gegenwärtig noch in der Regel die Mütter sind, die den Kontakt zur Kindertagesstätte halten,

---

4 *Andres, B. & Laewen, H.-J. (Hrsg.): Ich verstehe besser, was ich tue… – Erfahrungen mit einem Eingewöhnungsmodell. Berlin 1993.*

35 *Söntgerath, A.: Die Macht der Bilder läßt ein Projekt entstehen – Erfahrungsbericht über die Eingewöhnung von Kindern in die Krippe im Bezirk Berlin-Spandau. Hrsg.: Bezirksamt Spandau, Berlin 1991.*

ihre Kinder in der Eingewöhnungszeit begleiten, sie bringen und abholen, werden seine »Ecken« in der Regel durch das Kind, seine Mutter und die Erzieherin gebildet. Die »Seitenlinien« repräsentieren die Bindungsbeziehungen des Kindes zu Mutter und Erzieherin bzw. die Beziehung zwischen Erzieherin und Mutter. Die Charakteristiken der jeweiligen Beziehung sind dabei personenspezifisch, d.h., dass z.B. die Bindungsmuster zu Mutter und Erzieherin verschieden sein können und zumindest die feineren Signale des Verständigungssystems, dessen Aufbau immer mit Beziehungen dieser Art verbunden ist, sich unterscheiden, je nachdem, ob sich das Kind an seine Mutter oder an seine Erzieherin wendet.

Diese Deutung hat durchaus praktische Konsequenzen. Die Bringe- und Abholsituation lässt sich nun aus der Sicht des Kindes als ein täglicher Wechsel von einer »sicheren Basis« zur anderen charakterisieren: morgens von der Mutter zur Erzieherin und am Nachmittag in die umgekehrte Richtung. Für den Wechsel von einem »Bezugssystem« zum anderen benötigt das Kind ein wenig Zeit, die Aufmerksamkeit und vor allem die Anwesenheit der beiden Bindungspersonen. Den Situationen des Bringens und Abholens sollte deshalb unter diesen Gesichtspunkten eine besondere Beachtung geschenkt werden.

Eine andere wichtige Frage betrifft die dritte Seite des Dreiecks: die Beziehung zwischen Erzieherin und Mutter. Wir wissen aus Untersuchungen der jüngsten Zeit, dass Konflikte in der Familie zwischen den beiden Hauptbindungspersonen, den Eltern also, die Kinder aggressiv und krank machen können. Welche Folgen haben Konflikte zwischen der Erzieherin und der Mutter (bzw. den Eltern) des Kindes?

Eine von INFANS in Kooperation mit dem Berliner Jugendamt Spandau durchgeführte Untersuchung belegt deutliche Zusammenhänge zwischen der (aus der subjektiven Sicht der Erzieherin beurteilten) Qualität der Beziehung zwischen Erzieherin und Mutter auf der einen Seite und dem Verhalten der Kinder in der Krippe (einschließlich Aggressivität) und dem Auftreten von Erkrankungssymptomen auf der anderen Seite. Wenn hier auch vorerst nur von Zusammenhängen und nicht von Ursachen gesprochen werden kann, heben die Ergebnisse dieser Studie die Bedeutung hervor, die dem »Beziehungsdreieck« als einer Rahmenbedingung einer Pädagogik der frühen Kindheit zukommen könnte. Man darf vermuten, dass dieses Dreieck unterschiedliche Qualitäten repräsentiert, je nach dem, ob die Eingewöhnung des Kindes erfolgreich verlaufen oder misslungen ist.

Literatur

Ainsworth, M.D.S.: Feinfühligkeit versus Unempfindlichkeit gegenüber den Signalen des Babys. In: K. E. Grossmann (Hrsg.): Entwicklung der Lernfähigkeit in der sozialen Umwelt. München 1977.

Ainsworth, M.D.S., Blehar, M.C., Waters, E. & Wall, S.: Patterns of attachment: A psychological study of the strange situation. Hillsdale, N J, Erlbaum, 1978.

Andres, B.: Tagesmütter – Frauen zwischen privater und öffentlicher Mütterlichkeit. In: Klewitz, M., Schildmann, U. & Wobbe, T. (Hrsg.): Frauenberufe – Hausarbeitsnah? Zur Erziehungs-, Bildungs- und Versorgungsarbeit von Frauen. Pfaffenweiler 1989. S. 219–245.

Andres, B. & Laewen, H.-J. (Hrsg.): Ich verstehe besser, was ich tue ... – Erfahrungen mit einem Eingewöhnungsmodell. Berlin 1993.

Bowlby, J.: Mütterliche Zuwendung und geistige Gesundheit. München 1973. (Originalausgabe: Maternal care and mental health. World Health Organization Monograph Series Nr. 2. Geneva: World Health Organization, 1951)

Bowlby, J.: Bindung: eine Analyse der Mutter-Kind-Beziehung. München 1975. (Originalausgabe: Attachment and loss: I. Attachment. London: Hogarth Press, 1969)

Bowlby, J.: Trennung: psychische Schäden als Folgen der Trennung von Mutter und Kind. München 1976. (Originalausgabe: Attachment and loss: II. Separation: Anxiety and anger. London: Hogarth Press, 1973).

Bowlby, J.: Verlust, Trauer und Depression. Frankfurt a. M. 1983. (Originalausgabe: Attachment and loss: III. Loss, sadness and depression. London: Hogarth Press, 1980)

Bretherton, I.: Making friends with one-yearolds: An experimental study of infant-stranger interaction. Merrill-Palmer Quarterly 24 (1978). S. 29–51.

Cummings, E. M.: Caregiver stability and day care. Developmental Psychology 16 (1980). S. 31–37.

*Dreier, A.:*Was tut der Wind, wenn er nicht weht? Begegnung mit der Kleinkindpädagogik in Reggio Emilia. Cornelsen Verlag Scriptor. Berlin, Düsseldorf, Mannheim (2006).

Eggers, Ch. (Hrsg.): Bindungen und Besitzdenken beim Kleinkind. München-Wien-Baltimore 1984.

Farran, D. C. & Ramey, C. T.: Infant day care and attachment behaviours toward mothers and teachers. Child Development 48 (1977). S. 1112–1116.

Feiring, C., Lewis, M. & Starr, M. D.: Indirect effects and infants' reaction to strangers. Developmental Psychology, 20 (1984). S. 485–491.

Fleener, D. E.: Experimental production of infant-maternal attachment behavior. Paper presented at the annual meeting of the American Psychological Association. Montreal 1973. Zitiert nach M. D. S. Ainsworth, M. C. Blehar, E. Waters, & S. N. Wall: Patterns of attachment: A psychological study of the strange situation. Hillsdale, N J: Erlbaum, 1978. S. 273.

Grosch, Ch. & Schmidt-Kolmer, E.: Untersuchungen in der DDR. In: E. Schmidt-Kolmer (Hrsg.): Die soziale Adaptation der Kinder bei der Aufnahme in Einrichtungen der Vorschulerziehung. Berlin 1979.

Spangler, G. & Zimmermann, P.: Die Bindungstheorie – Grundlagen, Forschung, Anwendung. Stuttgart 1995.

Grossmann, K. E. & Grossmann, K.: Phylogenetische und ontogenetische Aspekte der Entwicklung der Eltern-Kind-Bindung und der kindlichen Sachkompetenz. Zeitschrift für Entwicklungspsychologie und Pädagogische Psychologie XVIII (1986). S. 287–315.

Haefele, B. & Wolf-Filsinger, M.: Der Kindergarten-Eintritt und seine Folgen – eine Pilotstudie. Psychologie in Erziehung und Unterricht 33 (1986). S. 99–107.

Hartung, K.: Kinderkrippen in der Diskussion. Sozialpädiatrie in Praxis und Klinik 1 (1984). S. 45–48.

Hock, E.: The transition to day care: Effects of maternal separation anxiety on infant adjustment. In: R.C. Ainslie (Ed.): The child and the day care setting. New York: Praeger Publishers, 1984.

Kagan, J., Kearsley, R. & Zelazo, P.: Infancy. Havard University Press. Cambridge, M A. 1980

Klinnert, M. D., Emde, R. N. & Butterfield, P., Campos, J.J.: Social referencing: The infant's use of emotional signals from a friendly adult with mother present. Developmental Psychology, 22 (1986). S. 427–432.

Laewen, H.-J.: Zwischen Sicherheit und Neugier. Spielen und Lernen 3 (1988). S. 22–25.

Laewen, H.-J., Andres, B. & Hédervári, É.: Ohne Eltern geht es nicht – Die Eingewöhnung von Kindern in Krippen und Tagespflegestellen. Berlin (1990). Cornelsen Verlag Scriptor. Berlin, Düsseldorf, Mannheim (2006).

Laewen, H.-J.: Nichtlineare Effekte einer Beteiligung von Eltern am Eingewöhnungsprozess von Krippenkindern: Die Qualität der Mutter-Kind-Bindung als vermittelnder Faktor. Psychologie in Erziehung und Unterricht 2 (1989). S. 102–108.

Laewen, H.-J.: Zur außerfamilialen Tagesbetreuung von Kindern unter drei Jahren: Stand der Forschung und notwendige Konsequenzen. Zeitschrift für Pädagogik 6 (1989). S. 869–888.

Mantovani, S.: Family and creche: emotional continuity as a condition for development and learning. Vortrag gehalten auf dem internationalen Symposium: Modelle der Kleinstkind-Pädagogik in Familie und Gesellschaft. Berlin, Juni 1984. (Das Kitaberaterteam Kreuzberg hat eine gekürzte Fassung des Vortrags ins Deutsche übersetzt.)

Matejcek, Z. & Langmeier, J.: Die zeitweilige Gemeinschaftserziehung im Hinblick auf die psychische Deprivation. In: Pädagogica Europäa. (Europäisches Jahrbuch für pädagogische Forschung. Bd. IV). Braunschweig 1968.

Ragozin, A. S.: Attachment behavior of day-care children: naturalistic and laboratory observations. Child Development 51 (1980). S. 409–415.

Rerrich, M. S.: Balanceakt Familie – Zwischen alten Leitbildern und neuen Lebensformen. Freiburg 1988.

Rosenbaum, H.: Formen der Familie. Frankfurt a. M. 1982.

Schaffer, R.: Mütterliche Fürsorge in den ersten Lebensjahren. Stuttgart 1982.

Schwartz, P.: Length of day-care attendance and attachment behavior in eighteen-months-old infants. Child Development 54 (1983). S. 1073–1078.

Söntgerath, A.: Die Macht der Bilder lässt ein Projekt entstehen – Erfahrungsbericht über die Eingewöhnung von Kindern in die Krippe im Bezirk Berlin-Spandau. Hrsg.: Bezirksamt Spandau, Berlin 1991.

Sorce, J. F. & Emde, R. N.: Mother's presence is not enough: effect of emotional availability on infant exploration. Developmental Psychology, 17 (1981). S. 737–745.

Spitz, R. A.: Vom Säugling zum Kleinkind. Stuttgart 1967.

Stickl, H.: Immunität und Gesundheit. Sozialpädiatrie in Praxis und Klinik 8 (1986). S. 516–517.

Trommelini, P., Cantarelli, C. & Malaguzzi, L.: Übergangsobjekte in der Familie und in der Krippe. Hrsg.: Bezirksamt Schöneberg von Berlin. Berlin 1987.

Abbildungsnachweis

Christian Schulz / Paparazzi	8
agenda/Wolfgang Huppertz	14, 70, 91, 92, 102, 108
klein&groß-Archiv, Klax-Archiv	17, 36
Karl Barth	38
Volker Derlath	39
Jürgen Jabs	40